인터넷에서 찾은 미디어 리터러시 이야기

생각하는 어린이 사회편 ⑫

인터넷에서 찾은 미디어 리터러시 이야기

초판 인쇄	2024년 02월 10일
초판 발행	2024년 02월 15일
글쓴이	홍미선
그린이	차차
펴낸이	이재현
펴낸곳	리틀씨앤톡
출판등록	제 2022-000106호(2022년 9월 23일)
주소	경기도 파주시 문발로 405 제2출판단지 활자마을
전화	02-338-0092
팩스	02-338-0097
홈페이지	www.seentalk.co.kr
E-mail	seentalk@naver.com
ISBN	978-89-6098-804-0 74800
	978-89-6098-827-9 (세트)

ⓒ2024, 홍미선

- 저작권법에 의하여 한국 내에서 보호를 받는 저작물이므로 무단전재 및 복제를 금합니다.
- KC마크는 이 제품이 공통안전기준에 적합하였음을 의미합니다.

KC	모델명	인터넷에서 찾은 미디어 리터러시 이야기	제조년월	2024. 02. 15.	제조자명	리틀씨앤톡	제조국명	대한민국
	주소	경기도 파주시 문발로 405 제2출판단지 활자마을	전화번호	02-338-0092	사용연령	7세 이상		

은 씨앤톡의 어린이 브랜드입니다.

작가의 말

미디어 리터러시가 뭐예요?

요즘 '미디어 리터러시'라는 말을 많이 사용해요. '미디어는 알겠는데, 리터러시는 무슨 뜻일까?' 하고 궁금한 친구들이 있을 거예요. 리터러시는 무엇인가를 읽고 이해하는 능력을 말해요. 그래서 미디어 리터러시를 두고 미디어 문해력이라는 표현을 하기도 하지요. 미디어 리터러시는 정보를 전송하는 다양한 매체를 의미하는 미디어를 올바르게 이해할 수 있는 능력을 뜻해요. 그렇다면 미디어 리터러시는 왜 필요할까요?

누구나 미디어 콘텐츠를 제작하고 배포할 수 있게 되면서 우리가 모르는 사이에 많은 정보를 얻고 있어요. 미디어는 알고 싶은 정보를 쉽게 공급받을 수 있다는 장점이 있기도 하지만 옳지 못한 정보로 사람들을 현혹시키기도 해요. 그래서 우리는 미디어가 주는 정보를 그대로 받아들이지 않고 무분별한 정보에 대한 올바른 판단과 비평을 할 수 있는 능력이 필요해요.

　최근 '가짜 뉴스'에 대한 문제가 불거지면서 미디어 리터러시에 대한 필요성이 다시 한번 제기되고 있어요. 가짜 뉴스는 어떠한 목적에 의해 사실이 아닌 내용을 뉴스의 형식으로 만든 정보예요. 사람들의 흥미를 자극해 선정적인 기사를 작성하는 황색 언론(옐로 저널리즘)의 한 부분이라고 볼 수 있지요. 이러한 가짜 뉴스로 인한 잘못된 정보를 무분별하게 받아들이게 된다면 어떻게 될까요? 진짜 뉴스와 가짜 뉴스를 알아보지 못하고, 그로 인해 옳고 그름을 판단하기 어려워질 거예요.

　이 책에서 우리는 뉴스뿐만이 아니라 광고, 게임, 알고리즘, 인공 지능, 인터넷 윤리 등 다양한 미디어 리터러시에 대해 알아볼 거예요. 이제, 다양한 미디어 정보를 올바르게 판단하는 방법을 살펴봐요.

홍미선

차례

작가의 말 4

제1장 뉴스를 제대로 보는 눈 9

뉴스는 다 진짜일까? 10
가짜 뉴스는 왜? 21
가짜 뉴스 거르는 법, 찾았다! 24
그래서 지금은? 28

제2장 다 믿으면 안 되는 부풀려진 광고 33

광고를 믿지 마세요 34
광고는 왜? 45
과장 광고 거르는 법, 찾았다! 49
그래서 지금은? 53

제3장 바르게 이용하면 유익한 게임 57

건전한 게임으로 놀이해요 58
게임은 왜? 68
올바른 게임 방법, 찾았다! 71
그래서 지금은? 75

제4장 내 취향을 반영하는 알고리즘　81

보고 싶은 것만 보면 안 돼!　82
알고리즘은 왜?　92
알고리즘 거르는 법, 찾았다!　96
그래서 지금은?　99

제5장 내 일을 대신해 주는 AI　103

AI가 숙제를 대신 해 준다고?　104
AI는 왜?　115
올바른 AI 사용법, 찾았다!　119
그래서 지금은?　122

제6장 인터넷에서 지켜야 할 예절　127

악플 말고 선플을 달아요　128
인터넷 윤리는 왜?　138
올바른 인터넷 사용법, 찾았다!　143
그래서 지금은?　147

제1장

뉴스를
제대로 보는 눈

뉴스는 다 진짜일까?

뉴스를 검색해요

"채운아, 이번 주 토요일에 예방 접종 예약한 것 알고 있지? 잊지 말고 있으렴."

"네, 엄마. 알겠어요."

등교 시간이 다가와서 채운이는 서둘러 집을 나섰어요.

봄에서 여름으로 넘어가는 환절기, 새로운 호흡기 바이러스가 유행하고 있어요. 그래서 채운이는 바이러스 감염 예방을 위해 백신을 맞기로 결심했지요.

'괜찮겠지?'

채운이는 가로수 길을 걸으며 생각에 잠겼어요. 새로운 백신을 맞아도 괜찮은지 걱정이 되었기 때문이에요. 생각에 빠져 걷다 보니 어느새 학교에 도착했어요.

"채운아! 이제 오는 거야?"

"다빈아, 일찍 왔네. 나 이번 주말에 예방 접종하기로 했어. 새로운 백신인 데다 부작용도 있다는데 괜찮겠지?"

채운이는 자신도 모르게 머릿속으로 생각하고 있던 고민을 털어놓았어요. 그때 채운이와 다빈이의 대화를 들은 늘찬이가 다가오며 조용히 속삭였지요.

"자석 인간이 된다는 그 주사 말이야?"

"자석 인간이 된다니 무슨 말이야?"

늘찬이의 말에 채운이가 화들짝 놀라며 물었어요.

"내가 인터넷 뉴스에서 봤는데 호흡기 바이러스 백신을 맞은 사람은 몸에 철 성분이 붙는대! 자석 인간이 되는 거지."

"말도 안 돼!"

"내가 보여 줄게."

바지 주머니에서 스마트폰을 꺼낸 늘찬이는 관련 뉴스를 찾아 채운이와 다빈이에게 보여 주었어요.

자석 인간으로 변하는 호흡기 바이러스 백신!

호흡기 바이러스 백신을 접종한 뒤 각종 쇠붙이를 끌어당기는 자성이 생겼다는 사례가 증가하고 있다. 자성이 생겼다고 주장한 미국인은 온

> 라인 커뮤니티에 백신을 접종한 후 팔에 쇠붙이를 붙이는 영상을 올리며 사람들의 이목을 집중시켰다.

뉴스에는 팔에 쇠붙이가 붙은 사진과 함께 백신을 맞은 사람이 자석 인간으로 변했다는 자극적인 내용이 적혀 있었어요.

"다빈아, 난 이 뉴스 못 믿겠어. 이거 진짜야?"

"그러게, 좀 이상하네."

"어떻게 주사를 맞는다고 자석 인간이 돼? 거짓말 아니야?"

"이 뉴스가 맞는지 우리 이모에게 물어볼까?"

기사를 본 채운이는 신문사 기자로 일하고 있는 이모가 떠올랐어요. 이모는 뉴스를 볼 때 늘 비판적인 시각을 가져야 한다고 말하곤 했어요. 채운이는 늘찬이가 보여 준 인터넷 뉴스의 주소를 복사해 이모에게 메시지를 보냈어요.

> 이모, 이 뉴스 좀 봐 주세요!

이모에게서 금방 답장이 오지 않자 채운이는 마음이 급해졌어요. 그리고 스마트폰으로 예방 접종 예약을 취소해 버렸지요.

"찜찜해서 도저히 못 맞겠어!"

채운이가 불안해하는 모습을 보이자 옆에 있던 다빈이가 걱정스럽게 채운이를 바라보았어요.

오전 수업 시간이 끝나고 점심시간이 되었어요. 그때 채운이 이모에게서 메시지가 왔어요.

> 채운아, 답장이 늦어서 미안해. 우리 주말에 만나서 이야기해 볼래?

평소에 일정이 바쁜 이모는 채운이와 주말에 따로 만나 이야기를 나누기로 했어요. 다빈이도 함께하기로 했지요.

뉴스에도 가짜가 있어

이틀 후, 주말 점심이 되었어요. 채운이와 다빈이는 동네 햄버거 가게 앞에서 이모를 기다리다가 같이 가게로 들어갔어요. 자리를 잡고 앉자 이모가 자석 인간에 대한 이야기를 꺼냈어요.

"채운이가 보낸 뉴스를 꼼꼼하게 살펴봤는데, 이건 가짜 뉴스 같아!"

"가짜 뉴스요?"

채운이와 다빈이가 이모를 보며 되물었어요.

"모든 뉴스가 다 진짜는 아니야. 그래서 우리가 뉴스를 볼 때 내용이 올바른지 잘 살펴봐야 해. 이 뉴스는 내용의 출처가 명확하지 않잖아."

"뉴스의 내용을 확인해야 한다고요?"

"그래. 뉴스에서 언급된 내용이 어디에서 나온 것인지 그리고 그 내용이 사실인지 아닌지 잘 살펴봐야 해. 이모가 보기엔 이 기사는 온라인 커뮤니티에서 떠도는 내용을 토대로 만든 것 같아."

채운이와 다빈이는 스마트폰을 유심히 들여다보며 기사 내용을 살펴보았어요. 그리고 이모에게 질문했지요.

"그럼 이건 사실이 아닌 거예요? 사람들은 왜 가짜 뉴스를 만드는 걸까요?"

"가짜 뉴스는 사람들의 관심을 받기 위해 의도적으로 만들어지고 있어. 조회 수를 높이려고 자극적인 제목을 다는 거야. 인터넷에서 뉴스를 클릭한 조회 수가 높으면 그만큼 광고 수익이 많아지거든. 그래서 우리가 뉴스를 볼 때 신중하게 판단해야 해."

"일부러 관심을 끌기 위해 만들어진 기사가 있다는 거예요? 그것도 광고 수익 때문에?"

채운이가 심각한 표정을 짓자 이모가 설명을 이어 갔어요.

"그래서 기사를 읽을 때 먼저 제목, 뉴스의 출처 등을 반드시 확인해야 해. 그리고 뉴스를 쓴 기자의 의도를 파악하는 것도 중요하지. 그럼 뉴스의 내용이 사실인지 아닌지 알아보기 위해서는 무엇을 해야 할까?"

"다른 뉴스 찾아보기!"

"전문가에게 물어보기!"

채운이와 다빈이가 서로를 보며 말했어요.

"제법인걸! 하나의 뉴스만을 보는 것보다 관련 뉴스를 찾아서 기사를 비교해 보는 것이 필요해. 우리 한번 다른 뉴스도 찾아볼까?"

팩트 체크, 뉴스를 살펴봐요

채운이와 다빈이는 이모와 함께 머리를 맞대었어요. 그리고 인터넷 뉴스를 검색했지요. '호흡기 바이러스', '자석 인간'이라는 단어를 검색하자 관련된 뉴스들이 줄지어 나열되었어요. 이모는 그중 한 기사를 선별해 자세히 살펴보더니 채운이와 다빈이에게 보여 주었지요.

"이모가 찾아본 기사인데 한번 볼래?"

[사실은] 호흡기 바이러스 백신 '자성 물질 없어'

> 의약품 통합정보시스템 '의약품안전나라'를 보면 국내에 승인된 호흡기 바이러스 백신에서 자성 물질을 포함하는 성분이 발견되지 않았다. …… 한국대 김백신 화학과 교수는 호흡기 바이러스 백신에 자성 물질이 없다고 설명했다.

채운이와 다빈이가 기사를 확인하자 이모가 말했어요.

"이 기사는 의약품 통합정보시스템 '의약품안전나라'라는 곳에서 내용을 확인했다고 되어 있어. 그리고 백신에는 자성 물질이 없다는 전문가의 의견도 덧붙였지. 채운이가 보내 준 기사와 비교해 보자. 두 기사는 어떤 의도를 가지고 만들었을까?"

"제가 보낸 기사는 자극적인 내용으로 관심을 끌려는 것 같고, 이모가 보여 준 기사는 내용이 사실인지 확인하려고 쓴 것 같아요."

이모의 질문에 골똘히 생각에 빠진 채운이가 대답했어요.

"바로 그거야. 같은 내용의 뉴스라도 목적에 따라 그 내용이 달라질 수 있는 거지. 이제 호흡기 바이러스 백신이 자석 인간을 만든다는 내용이 왜 가짜 뉴스인지 알 수 있겠지?"

"네!"

채운이와 다빈이는 서로를 쳐다보며 웃었어요.

"모든 뉴스가 다 진짜가 아닐 수 있다는 생각을 하게 되었어요. 이제부터는 뉴스를 하나만 보지 않고 관련 뉴스를 여러 개 찾아 비교해 봐야겠어요. 기사를 작성하는 사람에 따라 내용이 달라지니까요."

"제법인걸!"

이모가 채운이의 머리를 쓰다듬으며 칭찬했어요.

"예방 접종 다시 예약해야겠다."

그때 길가를 바라보던 다빈이가 채운이를 불렀어요. 햄버거 가게 앞을 지나가는 늘찬이를 발견했기 때문이에요.

"채운아, 저기 늘찬이잖아."

"그러네? 이러고 있을 시간이 없어. 늘찬이에게 가짜 뉴스 구별하는 방법을 알려 줘야지. 이모, 오늘 정말 고마워요! 이만 가 봐야겠어요. 지금 가짜 뉴스 판별법을 꼭 알아야 하는 친구를 발견했거든요!"

채운이와 다빈이는 이모에게 인사하고 부리나케 늘찬이에게로 향했어요.

"이러다가 우리 집안에서 뉴스 박사가 탄생하는 거 아니야? 호호."

이모는 평소답지 않게 서두르는 채운이를 보고 흐뭇한 표정을 지었어요.

생활 속 가짜 뉴스

광고 수익 때문에 가짜 뉴스를 만든다고?

2016년 미국 대통령 선거 당시 만들어졌던 유명한 가짜 뉴스가 있었어. 바로 프란치스코 교황이 도널드 트럼프 후보를 지지한다는 뉴스였지. 전문가들은 가짜 뉴스가 대통령 선거에까지 영향을 주었다는 분석을 하기도 했어. 실제로 같은 기간, 가짜 뉴스 때문에 피자 가게에서 총기 사건이 벌어졌어. 힐러리 클린턴 후보가 피자 가게에서 아동 성매매 조직을 운영하고 있다는 가짜 뉴스를 믿은 한 남성 때문이었지.

가짜 뉴스가 사회에 미치는 파급 효과가 커지자 당시 언론사들은 대통령 선거와 관련된 뉴스의 출처를 추적하기 시작했어. 그런데 뉴스의 근원지가 마케도니아의 작은 도시인 벨레즈로 밝혀졌어. 그리고 이곳에서

100개 이상의 가짜 언론사가 운영되고 있다는 놀라운 사실도 발견되었지. 가짜 언론사를 운영하는 이들은 10~20대 청년들이었어. 벨레즈 청년들이 가짜 뉴스를 만든 이유는 광고 때문이었다고 해. 뉴스를 클릭하는 수가 많아지면 높은 광고 수익을 얻을 수 있다는 사실 때문에 자극적인 가짜 뉴스를 만든 거야.

관동대지진과 가짜 뉴스

    1923년 9월 1일, 일본의 동쪽 관동 지방에서 규모 7.9의 대지진이 발생했어. 이 지진을 관동대지진이라고 불러. 수도인 도쿄를 중심으로 일어난 관동대지진은 도시의 화재로 이어지면서 수많은 사상자가 발생했어. 도시는 순식간에 잿더미로 변해 버렸지.

    하지만 이 재해의 혼란 속에 "조선인이 폭동을 일으켰다. 조선인이 우물에 독을 탔다."라는 등의 가짜 뉴스가 퍼지기 시작했어. 가짜 뉴스의 출처는 정확히 알 수 없지만 일본 경찰에 의해 뉴스가 유포되었대. 당시 일본 경찰관과 민간 단체인 자경단은 조선인들을 학살했지. 학살된 조선인 수는 6000명이 넘는 것으로 추정되고 있어. 이 중에는 임산부와 아이까지 포함되어 있었다고 해. 학살 사건 이후 일본 정부는 사망자 수를 알 수 없도록 시체를 태우고 사건의 내용이 퍼져나가지 않도록 철저히 감시했지.

    관동대지진을 엄청난 자연재해로만 기억해선 안 돼. 지진으로 인해 흉흉해진 민심을 조선인에 대한 적개심으로 돌리려고 '조선인이 우물에 독을 탔다.'라는 가짜 뉴스에 많은 조선인들이 희생당한 관동대학살이 있었다는 사실도 기억해야 해.

뉴스 리터러시

뉴스 리터러시가 뭐예요?

뉴스 리터러시는 뉴스(news)와 리터러시(literacy)의 합성어로 새로운 소식으로 만들어진 뉴스를 읽고 쓸 수 있는 능력을 뜻해. 뉴스를 올바르게 이해할 수 있는 능력을 말하지. 그렇다면 뉴스를 바르게 이해하려면 어떻게 해야 할까?

뉴스를 올바르게 이해하는 방법

1. 뉴스의 제목과 내용 살펴보기

뉴스의 제목이 너무 자극적이지 않은지 살펴볼 필요가 있어. 또 뉴스의 내용을 보고 같은 내용의 뉴스가 다른 언론사에서는 어떠한 내용으로 만들어졌는지 비교해 봐야 해.

2. 뉴스의 출처 확인하기

뉴스의 내용이 어디에서 나온 것인지 출처를 확인해야 해. 그리고 내용이 신뢰할 만한 정보인지를 세심히 따져 봐야 하지. 뉴스의 출처는 정보가 발생하게 된 근거를 말해.

만약, 뉴스의 출처가 인터넷 커뮤니티라면 내용이 사실인지 아닌지 꼼꼼하게 확인해 볼 필요가 있어. 인터넷 커뮤니티에서 나온 내용은 사실 여부를 확인하지 않고 기사로 작성되는 경우가 많아. 사람들의 흥미를 유발하기 위한 소재를 많이 다루기 때문이야. 그래서 뉴스의 내용을 확인하는 단계를 거쳤는지 살펴볼 필요가 있어.

3. 뉴스의 관점 파악하기

뉴스가 왜 만들어졌는지, 그리고 뉴스를 만든 기자의 의도는 무엇인지 생각해 봐야 해. 같은 내용의 뉴스라도 뉴스를 작성한 기자의 관점에 따라 내용과 방향이 달라질 수 있기 때문이야.

가짜 뉴스와 오보는 달라요

가짜 뉴스는 정치, 경제적 목적을 위해 허위로 조작된 정보를 의미하고 오보는 어떠한 사건이나 소식을 의도와 다르게 잘못 전달하는 것을 말해. 가짜 뉴스와 오보의 차이는 의도성이 있느냐, 없느냐에 따라 달라질 수 있어.

➕ 지식플러스

딱딱한 '경성 기사'와 말랑한 '연성 기사'

경성 기사(hard news)는 언론사의 정치, 경제, 사회면에 실리는 사실을 기반으로 작성된 기사를 말해요. 경성 기사는 딱딱한 문체와 무거운 주제를 가지고 있지만, 사회적으로 영향력을 행사할 수 있는 중요한 기사가 대부분이에요. 반면 연성 기사(soft news)는 스포츠, 연예 면에 실리는 오락성 기사를 의미해요. 특히 온라인에 게재된 연성 기사의 경우, 클릭 수가 높은 흥미 위주의 기사가 많이 작성되고 있어요. 그렇기 때문에 기사의 내용이 사실인지 아닌지 살펴보는 과정이 필요해요.

뉴스 확인하기

> 뉴스를 팩트 체크하는 기관이 있어요

오늘날 우리는 가짜 뉴스의 혼란 속에 살고 있어. 가짜 뉴스에 대한 팩트 체크(fact checking)는 이제 없어서는 안 될 중요한 사항이 되었지. 뉴스에서의 팩트 체크는 사람들에게 제공되는 뉴스의 정확한 내용 확인을 위해 정보의 사실 여부를 검증하는 과정이야.

미국에는 오래전부터 팩트 체크 기관이 설립되어 운영되고 있어. 스노프스닷컴, 팩트체크닷오알지, 폴리티팩트 등의 기관이 있어. 스노프스닷컴은 소셜미디어에서 인기 순위에 오르거나 언론에 많이 보도한 논제에 대해서 사실을 확인해. 팩트체크닷오알지는 펜실베이니아 대학 부설 애넌버그 공공 정책 센터와 연계된 기관이야. 정치적으로 어느 쪽에도 속하

지 않는 비영리 기관으로 미국 정치인들이 내놓은 발언이 사실에 부합하는지 감시하지. 폴리티팩트는 2007년 설립된 기관으로 미국의 정치 뉴스를 팩트 체크하고 있어.

폴리티팩트는 주간지 《탬파베이 타임즈》의 비영리 프로젝트로 시작되었어. 경력 기자들로 구성된 폴리티팩트는 정치인들의 발언을 검증하는 업무를 중점적으로 담당하고 있어. 이들은 사람들의 정치적 발언을 진실, 대부분 진실, 반만 진실, 대부분 거짓, 거짓, 새빨간 거짓 등 여섯 등급으로 나눠 분류한다고 해. 2008년 미국 대통령 선거 기간 동안 정치인들의 발언을 검증한 공로를 인정받은 폴리티팩트는 다음 해 퓰리처상을 받았어.

어떤 뉴스를 쓸 것인가? 게이트 키핑

게이트 키핑(gate keeping)은 언론사에서 기자나 편집자와 같은 뉴스 결정권자가 어떤 뉴스를 보도할지 선택하는 과정을 말해. 그리고 게이트 키핑을 하는 뉴스 결정권자를 게이트 키퍼(gate keeper)라고 말하지.

뉴스는 수많은 과정을 거쳐 만들어져. 먼저 기자가 어떠한 주제로 뉴스를 만들 것인지 고민해. 기자가 주제를 정해서 뉴스를 만든 다음 자신이 소속된 부서 부장의 검토를 거친 후, 해당 언론사의 최종 결정권자인 국장의 확인을 받게 되지. 이후 편집자가 기사를 다듬고 나면 우리가 볼 수 있는 뉴스로 완성돼.

하지만 이러한 과정을 잘 살펴보면 게이트 키핑이 다소 주관적일 수 있다고 생각할 수 있어. 왜냐하면 언론사의 기자, 부장, 국장이 모두 게이트 키퍼가 될 수 있는데, 이들의 신념이나 가치관 등에 의해 뉴스의 방향이 결정되기 때문이야.

➕ **지식플러스**

가짜 뉴스를 놔두면 벌금을 내야 해요

독일에는 일명 '페이스북 법'으로 불리는 '네트워크시행법'이 있어요. 이 법은 페이스북과 같은 소셜 미디어에 가짜 뉴스가 게재된 후 적절한 조치를 취하지 않으면, 관련 SNS 사업체에 벌금을 물리도록 하는 법이에요. 24시간 이내에 조치하지 않을 경우 최대 500만 유로의 벌금을 부과할 수 있다고 해요. 최근 'EU 디지털서비스법(DSA)'이 만들어졌어요. 2022년 11월 발효된 DSA는 불법 콘텐츠에 대한 플랫폼의 책임을 강화하고 사용자를 보호하기 위한 것으로 네트워크시행법과 유사해요. 유럽을 아우르는 감독 기구로 DAS가 작동함에 따라 독일도 관련 법을 재정비하고 있어요. 표현의 자유와 미디어 규제 간의 균형을 맞추기 위해 노력하고 있지요.

교과서 속 미디어 리터러시 키워드

미디어 정보를 전송하는 매체를 뜻해요. 미디어는 편지, 신문, 잡지 등 종이로 된 인쇄 매체와 텔레비전, 유튜브(동영상 플랫폼), 소셜 미디어(전자 네트워크 서비스)와 같이 화면으로 볼 수 있는 방송 매체 등을 포함하고 있어요.

뉴스 잘 알려지지 않은 새로운 소식이나 그러한 소식을 전해 주는 방송 프로그램, 또는 사람들에게 전달된 새로운 이야기와 기록을 뜻해요.

리터러시 읽고 쓸 수 있는 능력을 말해요. 그래서 미디어 리터러시는 다양한 미디어를 이해하는 능력을 의미하지요.

제 2 장

다 믿으면 안 되는
부풀려진 광고

광고를 믿지 마세요

날씬해지고 싶어요

향기로운 벚꽃이 피기 시작하는 봄날 아침, 지우는 엄마와 실랑이 중이에요. 아침을 먹지 않겠다고 선언한 지우에게 엄마의 잔소리가 시작되었어요.

"지우야, 도대체 왜 아침을 안 먹겠다는 거니? 벌써 일주일째 안 먹고 있잖아."

"날씬해져야 해요. 저는 뚱뚱하다니까요. 아침은 안 먹고 점심하고 저녁은 샐러드만 먹을 거예요!"

"초등학생이 무슨 다이어트를 한다는 거야. 영양이 풍부한 식단으로 골고루 먹어야 키도 크고 건강해지지. 지우 너는 전혀 뚱뚱하지 않아. 그러니까 빨리 아침밥 먹어!"

"싫어요!"

엄마와 한바탕 실랑이를 벌인 지우는 뿌로통한 얼굴을 한 채 방으로 들어갔어요.

초등학교 5학년인 지우는 요즘 다이어트에 부쩍 관심이 많아졌어요. 아이돌 가수 '써니'처럼 날씬해지고 싶기 때문이에요. 지우는 매일 써니의 영상을 보며 춤을 따라 추고 노래를 부르는 일이 일상이 되었어요. 그러다 보니 아이돌 가수가 되고 싶다는 꿈이 생겼지요.

'나는 너무 뚱뚱한 것 같아.'

지우에게 다이어트가 꼭 필요한 것은 아니에요. 신체검사에서 정상 소견을 받았을 만큼 건강하지요. 하지만 지우는 항상 자신이 뚱뚱하다는 생각에 사로잡혔어요.

오늘은 지우가 다이어트를 한 지 일주일째 되는 날이에요. 방으로 들어온 지우는 두 눈을 꾹 감은 채 체중계 위로 올라갔어요. 그리고 실눈으로 체중계에 나타난 숫자를 천천히 바라보았지요.

"이게 뭐야! 고작 1킬로그램만 빠졌다는 거야? 일주일 동안 그렇게 노력했는데……."

체중계를 확인한 지우는 실망한 표정이 역력했어요. 먹고 싶은 욕구를 참느라 힘들었던 시간이 물거품이 되는 것 같았어요.

"써니처럼 멋진 아이돌 가수가 되려면 살을 빼야 하는데, 큰일이네."

기운이 빠진 지우는 가방을 챙겨 학교로 향했어요.

인터넷에서 방법을 찾아요

교실 안으로 들어온 지우는 여전히 기운이 빠진 모습이에요. 이런 지우를 발견한 친구 초롱이가 걱정스러운 표정으로 말을 걸었어요.

"지우야, 무슨 일 있어?"

"초롱아, 나 다이어트에 실패했어. 어떡하지?"

"그렇게 노력했는데 살이 안 빠졌어?"

"그러니까 말이야. 내 목표는 몸무게 5킬로그램을 빼는 거였는데, 고작 1킬로그램만 빠진 거 있지?"

"다른 방법을 한번 찾아볼까?"

어떤 방법으로 다이어트를 할지 골똘히 생각하던 지우와 초롱이는 점심시간에 인터넷에서 방법을 찾아보기로 했지요.

지우는 포털 사이트 검색창에 다이어트를 입력했어요. 그리고 한 블로그에서 어떠한 식품을 먹으면 자연스럽게 살이 빠진다는 내용이 담긴 댓글을 발견했지요.

"초롱아, 이것 좀 봐. 이 약을 먹으면 살이 빠진대."

"진짜네? 그런데 약을 먹으면 살이 빠진다는 말이 사실일까?"

"한번 클릭해 보자."

💬 저는 평소 변비와 비만으로 고민이 많았어요. 이 약을 먹고 일주일에 5킬로그램이나 빠졌어요.

💬 친구가 소개해 준 '날씬한 몸'이라는 식품을 먹었는데, 바로 효과가 나타났어요.

천연 재료를 사용한 식품이라 어린이들도 먹을 수 있습니다.
http://날씬한 몸.kr/

댓글을 발견한 지우의 표정이 밝아졌어요. 지우는 초롱이와 함께 댓글 아래에 기재되어 있는 홈페이지 주소를 클릭해 보았어요. 홈페이지의 내용을 살펴보던 초롱이는 의아하다는 표정을 지었어요.

"지우야, 다이어트 약 광고 같은데? 이 약만 먹으면 다이어트에 도움이 된다니 뭔가 이상하지 않아?"

"효과만 있으면 되는 거 아닐까? 상담도 가능하다는데 한번 해 봐야겠어."

상담을 위해 메신저 채팅 창을 통해서 질문한 지우는 상담사에게 긍정적인 이야기들을 들었어요. 해당 제품을 10년 동안 꾸준히 먹고 변비와 다이어트에 효과를 보았다는 내용도 있었지요. 채팅 상담을 하는 동안 지우는 당장이라도 살 것 같은 표정이었어요.

결국 지우는 자신의 용돈 카드를 이용해 다이어트 약을 결제해 버렸지요. 한 달 용돈의 대부분을 써 버렸어요.

초롱이는 이런 지우의 행동이 걱정스러웠어요. 그리고 약에 대해 의심하기 시작했지요.

"아무리 그래도 다시마로 만든 약을 먹었다고 살이 빠지지는 않을 것 같아."

"초롱아, 상담사가 괜찮다고 하잖아. 난 진짜 같은데? 그나저나 엄마에게 뭐라고 해야 할지 걱정이네."

지우는 초롱이의 말을 무시한 채, 엄마에게 어떻게 말해야 할지 고민하기 시작했어요.

이게 과장 광고라고?

집에 도착한 지우는 서둘러 엄마를 찾았어요. 안방에서 엄마를 발견한 지우는 서둘러 엄마 옆으로 달려가 말을 꺼냈어요.

"엄마! 저 할 말이 있어요."

"요즘 다이어트를 하겠다고 엄마 속을 썩이더니 또 무슨 이야기를 하고 싶은 거니?"

엄마는 가늘게 뜬 눈으로 지우를 바라보았어요.

"사실은, 저 다이어트 약 샀어요. 일주일 동안 식단 조절하면서 다이어트를 했는데도 체중이 1킬로그램밖에 줄지 않았거든요. 그런데 일주일 만에 5킬로그램을 뺄 수 있게 도와주는 약이 있다는 거예요! 가격도

저렴했어요."

"약을 샀다고?"

지우는 얼른 엄마 앞에서 스마트폰으로 검색했어요. 그리고 점심시간에 봐두었던 블로그 댓글을 통해 다이어트 약을 판매하는 홈페이지를 클릭했지요. 이 과정을 지켜보던 엄마의 얼굴빛이 어두워졌어요. 그리고 천천히 홈페이지의 내용을 살펴보았지요.

"지우야, 이건 아무래도 과장 광고 같은데."

"과장 광고요?"

"그래, 상품을 많이 팔기 위해서 사실보다 효과를 부풀려서 광고한 것 같아."

"여기 잘 살펴보면 후기가 많아요. 제가 채팅 상담도 했는데 모두 이 약을 먹고 효과를 보았다고 했어요."

"홈페이지에 나와 있는 후기들이 모두 진짜라고 믿을 수는 없어. 왜냐하면 제품을 무료로 제공받고 쓴 후기도 있고, 무엇보다 일부 업체에서 거짓으로 후기를 만들기도 하니까. 그리고 상담사는 업체 직원이니까 당연히 좋은 말로 유혹해 상품을 판매하려고 하겠지."

"아닌데……."

"과장 광고도 있지만 허위 광고도 있어. 사실이 아닌 내용을 사실인

것처럼 알리는 광고를 허위 광고라고 해."

광고를 다 믿으면 안 돼요

지우는 엄마와 함께 다이어트 약을 판매하는 홈페이지의 내용을 꼼꼼하게 살펴보았어요. 지우는 다시마를 주원료로 만드는 약이 변비에는 도움을 줄 수 있지만 살을 빼는 데에는 큰 효과가 없을 것이라고 생각하게 되었지요. 그리고 약의 성분이 정확하게 표기되어 있지 않아 건강을 위협할 수 있는 위험도 있다고 판단하게 되었어요.

지우는 다이어트 방법을 검색하면서 발견하게 된 다른 광고들에 대해서도 다시 한번 생각했어요.

"엄마, 과장 광고인 것도 모르고 덜컥 약을 사 버렸는데 어떡하죠?"

"엄마가 도와줄게. 하지만 엄마와 상의 없이 이런 곳에 함부로 용돈을 사용하는 일은 없었으면 좋겠어."

"네. 죄송해요."

"엄마는 지우가 과장 광고와 허위 광고를 구분할 수 있게 된 것 같아 다행이라고 생각해. 그런데 지우에게 꼭 다이어트가 필요할까?"

"저는 써니처럼 멋진 몸을 만들어 아이돌 가수가 되고 싶어요."

"그럼, 엄마가 한 가지 제안하고 싶은 게 있어."

"뭐데요?"

"지우가 과장 광고에 현혹되지 않는 올바른 생활을 하기로 약속한다면 엄마가 선물을 하나 주려고 해."

"선물이요?"

"아이돌 춤을 배울 수 있는 학원에 다녀보면 어떨까? 평소에 제대로 춤을 배우고 싶어 했잖아."

"정말 그래도 돼요?"

"물론이지. 대신 다이어트는 이제 그만했으면 좋겠어. 영양소가 풍부한 음식들도 챙겨 먹고 몸이 건강해야 춤도 배울 수 있을 테니까. 물론, 올바르게 광고 보는 습관도 잊지 않아야 해."

"엄마, 고마워요. 초롱이에게 빨리 전화해야겠어요. 그동안 걱정을 많이 했었거든요."

엄마의 목을 꼭 껴안은 지우는 다짐했어요. 엄마의 설명대로 광고의 내용을 그대로 믿지 않고, 상품을 살 때는 꼼꼼하게 살펴보는 습관을 들이기로 했어요. 그래야 똑똑한 아이돌 가수가 될 수 있을 테니까요.

생활 속 광고

영화 속의 광고 PPL

영화 속 주인공이 입고 있는 옷이나 가방을 보고 사고 싶다는 생각이 들었다고? 그 상품이 광고일 수 있다는 사실 알고 있니? 영화나 드라마, 게임, 뮤직비디오 등에 해당 기업의 상품을 등장시키는 마케팅을 간접 광고라고 해. 원래 간접 광고를 가리키는 PPL(Product PLacement)은 영화를 제작할 때 소품 담당자가 소품을 배치하는 업무를 가리키는 말이었어.

진짜 간접 광고의 시작은 1945년으로 거슬러 올라가야 해. 이때 미국 워너 브러더스 사가 제작한 〈밀드리드 피어스(Mildred Pierce)〉에 '버번 위스키(Bourbon Whiskey)' 상표가 보이도록 노출되었거든. 이 장면이 간접 광고의 시작이야.

이후 간접 광고가 본격적으로 사용된 것은 1982년 스티븐 스필버그의 영화 〈E.T.(이티)〉에서야. 영화 〈E.T.〉를 보면 주인공 엘리엇이 초코볼을 이용해 외계인 이티를 유인하는 장면이 나와. 이 초코볼은 M&M사의 '리세스 피스(Reese's Pieces)'라는 제품이었지. 그런데 놀랍게도 영화가 개봉한 지 3개월 만에 해당 기업의 초콜릿 제품 매출이 60% 이상 급증했어. 간접 광고의 효과가 검증된 거지. 우리나라에서는 1990년대 초반, 간접 광고가 도입되기 시작해 꾸준한 성장세를 이어 가고 있어.

산타의 옷이 빨간색인 이유가 광고 때문이라고?

크리스마스를 떠올리면 어떤 것이 제일 먼저 생각나? 호탕하게 웃으며 빨간색 옷을 입고 턱수염이 덥수룩한 할아버지가 생각나지 않아? 바로 산타클로스 할아버지 말이야. 하지만 산타 할아버지가 처음부터 빨간색 옷을 입은 모습은 아니었어.

최초의 산타 할아버지는 3~4세기 동로마제국의 한 마을에 살던 성 니콜라우스라는 성직자였대. 지금의 산타 할아버지와는 조금 다른 근엄한

모습이었지. 부모님에게서 많은 재산을 상속받은 성 니콜라우스는 도움이 필요한 이웃들에게 자신의 재산을 나눠 주며 친절을 베풀었어. 그 이후 12월 6일을 니콜라우스의 날로 정하고 크리스마스 시즌이 되면 아이들에게 선물을 나눠 주는 풍습이 생기게 된 거야.

그렇다면 산타 할아버지의 옷 색깔이 빨간 이유는 무엇일까? 바로 광고 때문이야. 지금의 산타클로스 이미지는 1931년 콜라 회사에서 만들었어. 당시 콜라는 더울 때 마시는 차가운 음료라는 인식이 강했다고 해. 상대적으로 겨울철에는 콜라가 잘 팔리지 않았지.

그래서 콜라 회사는 회사를 상징하는 붉은색을 산타클로스 옷에 사용했던 거야. 광고에는 아이들에게 둘러싸인 산타 할아버지가 콜라를 마시

며 갈증을 해소하는 모습이 연출되었지. 마치 옆집 할아버지와 같은 친근한 모습으로 말이야.

이젠 겨울에도 잘 팔리겠지.

광고 리터러시

> 광고 리터러시가 뭐예요?

광고 리터러시는 광고(advertising)와 리터러시(literacy)의 합성어로 광고를 읽고 이해하는 능력을 말해. 광고란 널리 알린다는 뜻으로 판매자가 소비자를 대상으로 제품 판매를 유도하는 행동을 말하는데, 광고 리터러시는 이러한 광고를 올바르게 이해할 수 있는 능력을 뜻하지. 그렇다면 광고를 올바르게 이해하려면 어떻게 해야 할까?

광고를 올바로 이해하는 방법

1. 광고의 목적 파악하기

광고는 접하는 사람에게 광고의 의도를 전달하고 그 의도에 맞는 행동을 유도하려는 목적을 가지고 있어. 그렇기 때문에 광고를 생각 없이 그대로 받아들이는 것은 옳지 못한 행동이야. 우리 스스로가 광고를 세심하게 살펴보며 광고가 만들어진 목적을 파악하는 것이 필요해.

2. 좋은 광고와 나쁜 광고 알아보기

광고는 그 목적에 따라 좋은 광고와 나쁜 광고로 나눌 수 있어. 좋은 광고로는 공익 광고를 예로 들 수 있어. 공익 광고란 광고의 주체가 공공의 이익을 목적으로 내용을 전달하는 광고야. '환경 보호 캠페인'이나 '장애인에 대한 인식 개선'을 위해 만들어진 광고 등이 이에 해당해.

나쁜 광고는 자극적인 내용으로 소비자들을 현혹하는 광고를 들 수 있어. 인터넷에서 자극적인 문구에 이끌려 광고를 클릭하면 폭력적이거나 선정적인 광고를 접하게 되는데, 이는 많은 사람을 해당 홈페이지로 유입하게 하려는 목적을 가지고 있지.

3. 허위·과장 광고 이해하기

제품의 내용을 부풀리거나 사실과 다른 내용을 사실인 것처럼 홍보하는 광고는 피해야 해. 특히, 건강식품이나 화장품의 경우에는 제품의 효능을 과장하거나 애매모호한 표현으로 소비자들을 유혹하는 광고들에 각별한 주의를 기울여야 하지.

➕ 지식플러스

허위·과장 광고를 신고해요!

허위·과장 광고는 공익 침해 행위로 신고할 수 있어요. 공익 침해 행위는 국민 건강과 안전, 환경, 소비자의 이익, 공정한 경쟁을 침해하는 행위예요. 이런 행위는 총 471개 법률의 벌칙 또는 영업 정지, 인·허가 취소 등의 행정 처분 대상이 될 수 있어요. 공익 침해 행위를 발견했다면 국민권익위원회에 신고할 수 있어요.

광고의 종류가 다양해졌어요

> 정보형 광고-인포머셜

인포머셜(informercial)은 정보를 뜻하는 인포메이션(information)과 광고를 의미하는 커머셜(commercial)의 영어 합성어야. 일반적인 TV 광고가 30초 이내로 짧게 이루어지는 것과 달리 인포머셜 광고는 10분에서 30분 이상의 긴 시간 동안 상품을 집중적으로 광고하는 방식이지. 인포머셜 광고는 TV 홈쇼핑이나 보험 광고 등에 주로 사용되었지만, 최근에는 소셜 미디어의 라이브 쇼핑 등에서 활용되고 있어.

기사형 광고-애드버토리얼

애드버토리얼(advertorial)은 우리말로 표현하면 기사형 광고를 말해. 광고를 뜻하는 애드버타이징(advertising)과 기사를 의미하는 에디토리얼(editorial)이 합쳐진 합성어야. 신문이나 잡지에 실리는 기사 형태의 광고를 예로 들 수 있지. 이 광고는 보통 객관적인 내용을 중심으로 광고가 실리지만 내용을 자세히 살펴보지 않으면 광고인지, 기사인지 알기 어려울 때가 많아. 그래서 광고를 보는 동안 내용을 꼼꼼히 살펴볼 필요가 있어.

 ### 게임형 광고-애드버게이밍

애드버게이밍(advergaming)은 소비자에게 게임을 제공해 해당 브랜드를 알리는 것을 말해. 대표적으로 구찌와 샤넬을 들 수 있어. 이탈리아 패션 브랜드 구찌는 미로 찾기, 탁구 게임 등 다양한 아케이드

형 게임을 자체 개발하고 모바일 앱을 통해 즐길 수 있도록 만들었어. 이용자들이 게임을 하면서 해당 브랜드에 대한 친밀감을 가질 수 있도록 한 거야. 프랑스 명품 브랜드 샤넬은 주기적으로 다양한 나라에서 '코코 게임 센터'라는 이름의 팝업 스토어를 선보이고 있어. 온라인 사이트에 참가 신청을 하면 무료 초대장이 주어지고, 초대장을 게임장에서 보여 주면 샤넬 로고가 찍힌 동전으로 교환해 다양한 게임을 즐길 수 있다고 해.

➕ 지식플러스

광고에 활용되는 '밈'

소셜 미디어나 인터넷 커뮤니티에서 인기를 끈 '밈'이 광고에까지 등장하고 있어요. 밈(meme)은 모방을 뜻하는 그리스어 '미메메(mimeme)'와 유전자를 뜻하는 '진(gene)'의 합성어예요. 생물학자 리처드 도킨스의 책 『이기적 유전자』에서 처음 사용되었지요. '밈'은 문화도 생물학의 유전자처럼 모방과 같은 자기 복제를 통해 전파된다는 뜻을 담고 있어요. 쉽게 말해 문화적 모방 행위를 말해요. 지금은 인터넷상에서 유행처럼 퍼지는 새로운 방식의 문화 전파 현상을 의미해요.

교과서 속 미디어 리터러시 키워드

 # 광고 제품의 판매나 서비스를 홍보해 소비자를 대상으로 판매를 유도하는 행동을 말해요.

 # 과장 광고와 허위 광고 과장 광고는 제품의 내용을 부풀리는 광고를 말해요. 또 사실과 다른 내용을 사실인 것처럼 소개하는 광고를 허위 광고라고 해요.

 # 밈 모방을 뜻하는 그리스어 '미메메(mimeme)'와 유전자를 뜻하는 '진(gene)'의 합성어예요. 인터넷상에서 유행처럼 퍼지는 새로운 방식의 문화 전파 현상을 의미해요.

제 3 장

바르게 이용하면 유익한 게임

건전한 게임으로 놀이해요

공부가 즐겁지 않아

"와, 오늘 수업 끝이다."

학교 수업이 끝나자 6학년 친구들이 즐거운 표정으로 하교 준비를 했어요. 그런데 다른 친구들과 달리 로운이의 표정이 심상치 않았어요. 여러 가지 책들로 가득한 로운이의 가방이 오늘따라 더욱 무거워 보였지요.

"로운아, 우리 축구 하고 학원 같이 가자."

한 친구가 서둘러 가방을 챙기는 로운이에게 말을 걸었어요.

"미안해. 난 오늘 학원 일찍 가야 해서 먼저 가 봐야 할 것 같아. 다음에 같이 하자."

친구의 제안을 거절한 로운이는 터벅터벅 걸으며 교실을 나왔지요. 교실 밖으로 나온 로운이는 학교 앞 운동장에서 친구들이 축구 하는 모습을 바라보았어요. 로운이는 즐겁게 공을 차는 친구들을 보고 부러운 마음이 들었어요.

"좋겠네. 축구 할 시간도 있어서."

로운이는 요즘 집에서 학교, 학교에서 학원이 반복되는 일상이었어요. 국어, 수학, 영어와 같은 주요 과목을 비롯해 중학교 선행 학습까지 하고 있기 때문이에요. 이런 일상을 반복하고 있는 로운이는 가끔 속이 답답하고 무기력해지는 느낌이 들기도 했어요.

"이상하게 오늘따라 더 학원 가기 싫다."

로운이는 혼잣말하며 학원으로 향했어요. 학원 수업이 진행되는 동안 로운이는 힘이 빠진 표정이었어요. 수업도 듣는 둥 마는 둥 했어요.

학원 수업이 끝난 후 시계를 보니 저녁 8시가 조금 넘은 시간이었어요. 다행히 이날은 일찍 수업이 끝나는 날이었지요. 평소 로운이의 학원 수업은 밤 10시가 넘어서 끝날 때가 대부분이었어요.

로운이는 집으로 향하는 학원 버스에 올랐어요. 그런데 자리에 먼저 앉아 있던 한 친구가 고개를 푹 숙이고 집중하는 모습이 보였어요. 바로 휴대용 게임기 때문이었지요.

"그거 뭐야?"

로운이가 궁금한 마음에 친구에게 물었어요.

"게임기. 이번 주말에 부모님이 사 주셨거든. 대신 하루에 한 시간만 하기로 약속했지만, 게임을 하면 공부하면서 받았던 스트레스도 해소

되고 좋아."

"게임이 스트레스를 풀어 준다고?"

로운이는 즐겁게 게임을 하고 있는 친구에게 되물었어요.

"그렇다니까. 너도 한번 해 볼래?"

"아니, 괜찮아."

잠시 망설이던 로운이는 준서의 제안을 거절했어요. 하지만 게임을 하면서 즐거워하는 친구의 얼굴에서 눈을 뗄 수가 없었지요.

게임이 궁금해졌어요

"로운아! 같이 가자."

학원 버스에서 내린 로운이는 집으로 향하는 길에 형을 만났어요. 형은 로운이와 이야기하는 도중에 틈을 내서 스마트폰을 확인했어요. 로운이는 그런 형을 힐끔 쳐다보았지요.

"형, 뭐 하는 거야?"

"내가 만든 게임이 잘 진행되고 있는지 확인하고 있어."

"형이 만든 게임?"

"그래."

로운이와 달리 게임을 좋아하던 형은 대학에서 컴퓨터공학을 전공한 후 게임 프로그래머로 일하고 있어요.

"형은 게임이 재밌어?"

"그럼. 게임을 하는 동안 스트레스를 풀 수 있어서 좋아. 게임을 개발하는 일도 재미있고."

"형은 지금 하는 일이 재미있구나. 형은 언제부터 프로그래머가 되고 싶었던 거야?"

"언제부터인지는 잘 모르겠어. 중학생 때인가 게임을 하면서 생각해 본 건데, 아주 재미있고 쉬운 게임을 만들고 싶었어. 할머니, 할아버지도 할 수 있는 그런 게임.”

"중학생 때부터 그런 생각을 했다고? 대단하다. 나는 게임이 나쁜 거라고 생각했어. 조금 전에 학원 버스에서 친구가 게임을 해 보라고 게임기를 건네주려고 했는데 순간 나쁜 일을 하는 것 같아서 안 한다고 했거든."

"그렇게 거절하고는 후회했구나."

"응. 조금."

"형이 게임을 하면서 느낀 건데, 게임이 마냥 나쁜 건 아니더라고. 시간을 정해 놓고 하게 되면 자기 조절 능력도 생기는 것 같고."

형의 이야기를 듣던 로운이가 무언가 생각난 듯 말을 꺼냈어요.

"맞다. 게임이 집중력을 높일 수 있다는 뉴스도 본 것 같아. 그 뉴스를 보는 순간 게임을 공부에 활용해도 좋을 것 같다는 생각이 들었어."

"로운이 말처럼 교육이나 치료를 목적으로 만들어진 게임도 있어. 학교에서 배우는 코딩도 게임과 연관된 과목이기도 하지. 그리고 게임과 관련된 직업도 굉장히 많아."

"게임과 관련된 직업?"

"그래. 게임을 기획하고 제작과 관련된 일을 담당하는 기획자, 게임의

시각적인 부분을 담당하는 디자이너, 프로그래밍 언어로 게임을 만드는 프로그래머 등 세분화된 직업들이 있지."

"그렇구나."

"로운아, 그런데 너는 꿈이 뭐야?"

"꿈? 솔직히 잘 모르겠어. 열심히 공부하고 있기는 한데 내가 앞으로 어떤 일을 하고 싶은지는 생각해 본 적이 없네."

형이 로운이를 위로하듯 미소를 지었어요.

"앞으로 생각해 보면 되지. 형처럼 좋아하는 일을 찾을 수 있을 거야."

게임으로 스트레스를 풀어요

"다녀왔습니다."

형과 함께 집에 도착한 로운이는 부모님께 인사를 한 뒤 자신의 방으로 들어왔어요. 몇 분 후 방문을 두드리는 소리가 들렸어요.

"로운아, 정리 다 하면 거실로 나와 봐."

"알겠어."

옷을 갈아입은 로운이가 거실로 나가 보니 텔레비전을 보면서 운동을 하는 형의 모습이 보였어요.

'형은 무슨 운동을 하길래 나까지 부른 거야?'

그런데 운동인 줄 알았던 형의 행동이 조금 이상했어요. 테니스를 치는 자세였는데 혼자 허공을 향해 손을 뻗고 있었기 때문이에요.

"형, 뭐 하는 거야?"

"응? 테니스 게임을 하는 중이지. 아니, 운동을 하고 있다고 해야 할까?"

"테니스 게임?

"로운이도 같이 해 볼래?"

로운이는 형의 권유로 신기한 듯 게임을 시작했어요. 장난감처럼 생긴 게임 손잡이를 이리저리 움직이다 보니 어느새 게임에 빠져들었어요.

"어때? 게임을 하고 나니까. 스트레스가 풀린 것 같지 않아? 너 요즘에 힘들어했잖아."

"어떻게 알았어? 내가 요즘 힘들어하는 거."

로운이가 형을 보면서 말했어요.

"말하지 않아도 다 느껴지니까. 힘들 때는 이렇게 게임으로 기분 전환을 해 봐. 형은 게임 자체가 나쁘다고 생각하지는 않아. 게임도 우리가 평소에 하는 축구나 농구 같은 놀이라고 생각해."

"게임이 놀이라고?"

"그래. 놀이를 통해 공부하면서 받았던 스트레스도 풀고 즐거운 시간을 보낼 수 있다면 좋은 일이 아닐까? 게임은 지치고 힘든 일상생활에서 휴식을 취할 수 있게 해 주는 취미 활동 중의 하나니까. 하지만 재미있다고 너무 게임에만 몰두하면 문제가 될 수 있기는 하겠지."

"게임은 혼자 화면을 보면서 하는 게임만 생각했어."

"그랬구나. 게임에는 여러 가지 종류가 있어. 오늘 로운이가 같이 한 게임을 두고 동작 인식 게임이라고 해."

"동작 인식 게임이 뭔데?"

"손과 다리에 게임기나 밴드를 부착해서 센서로 사람의 움직임을 읽는 거야. 인공 지능 기술을 활용한 거지. 그래서 스포츠 같은 야외 운동을 실내에서도 할 수 있어."

"그러고 보니, 스마트폰의 카메라를 이용해서 하는 게임도 있다고 들었어."

"그건 증강현실 게임이라고 불러. 실제로 존재하는 환경을 가상의 공간과 겹쳐서 보여 주는 증강현실 기술을 활용한 게임이지. 포켓몬 게임이 대표적인 증강현실 게임 중 하나야."

"게임의 종류가 정말로 많네?"

"그렇지?"

"우리 가끔 이렇게 같이 게임 할까?"

"좋아."

게임이 그저 나쁜 행동이라고 생각했던 로운이는 형과 함께 게임을 시작하게 되면서 게임에 대해 가지고 있던 부정적인 생각이 줄어들었어요. 이후 로운이는 종종 형과 함께 동작 인식 게임을 했어요. 그리고 게임을 시작한 로운이의 표정이 한층 더 밝아졌지요.

생활 속 게임

게임은 언제 시작됐을까?

세계 최초의 컴퓨터 게임은 1958년 미국의 물리학자 윌리 히깅보덤(Willy Higgingbotham)이 개발한 테니스 게임이야. '테니스 포 투(Tennis for two)'라고 하는 이 게임은 기다란 선이 그려진 테니스 코트 위로 테니스공을 양옆으로 서로 주고받는 단순한 형식의 게임이었지. 하지만 브룩헤븐 국립 연구소에서만 소유되었기 때문에 널리 알려지지 않았어.

이후 1961년 미국의 MIT대학에서 만들어진 '스페이스워(Spacewar)'가 등장했어. 이 게임은 두 개의 로켓이 서로 미사일을 발사하는 슈팅 게임이야. '스페이스워'는 컴퓨터가 있는 곳이면 언제든 즐길 수 있어서 최초의 컴퓨터 게임으로 인정받고 있어.

게임은 정신 건강에 어떤 영향을 줄까?

게임은 보통 건강에 해롭다고 생각해. 하지만 게임이 정신 건강에 긍정적인 영향을 줄 수 있다는 연구 결과가 나왔다는 사실 알고 있니?

영국 옥스퍼드대 연구팀은 게임을 하는 시간과 정신 건강의 상관관계에 대해 연구했어. 연구팀은 닌텐도의 '동물의 숲(Animal Crossing)'과 EA의 '플랜츠 vs 좀비(Plants vs Zombies)' 게임을 매주 네다섯 시간 하는 18세 이

상 게이머 3274명을 대상으로 연구를 진행했지.

연구 결과는 조금 뜻밖이었어. 게임이 무조건 나쁠 것이라는 생각과는 전혀 다른 결과가 나왔거든. 게임을 하면 다른 게이머들과 상호작용을 하는 사회적 유대감을 경험하고, 이러한 경험이 정신 건강에 도움이 될 수 있는 것으로 나타났어.

또 다른 연구팀의 연구에서는 게임이 우울증 완화에 도움을 준다는 결과를 발표하기도 했어. 런던경제대학 연구팀은 '포켓몬 GO' 게임을 하면서 자연스럽게 신체 활동이 증가해 우울증의 단기적인 완화 효과를 기대할 수 있을 것으로 판단하기도 했지.

게임 리터러시

게임 리터러시가 뭐예요?

게임 리터러시는 게임을 올바르게 활용하고 조절할 수 있는 능력을 뜻해. 게임을 하는 시간이나 윤리적 행동 등을 조절하는 능력도 포함되지.

게임 중독이 질병?

세계 보건 기구(WHO)는 2019년에 게임 중독을 '게임 사용 장애(Gaming disorder)'라는 질병으로 분류했고, 2022년부터 효력이 발생해 질병으로 적용되었어.

게임 중독을 판단하는 데는 세 가지 기준이 있어. 첫 번째는 게임을 하고 싶은 욕구를 참지 못하고 게임을 끝내지 못하는 경우, 두 번째로는 다른 관심사나 일상생활보다 게임 하는 것을 우선시하는 경우, 그리고 세 번째는 게임으로 인해 문제가 생겨도 게임을 중단하지 못하는 증상인데 이런 문제들이 12개월 이상 지속되면 게임 중독이라고 진단할 수 있어.

올바르게 게임 하는 방법

1. 시간을 정해 놓고 게임 하기

게임은 수많은 놀이 중의 하나야. 놀이를 통해 공부하면서 받았던 스트레스도 풀고 즐거운 시간을 보낼 수 있다면 좋은 일이지.

하지만 게임을 너무 오랫동안 하게 되면 안구 건조, 게임 중독 등 건강상의 문제가 생기게 돼. 그렇기 때문에 시간을 정해 놓고 게임을 하는 조절 능력이 필요해.

2. 게임의 내용 살피기

　게임의 내용이 너무 폭력적이거나 선정적이지는 않은지 살펴볼 필요가 있어. 그리고 건전한 게임이라고 판단이 된다면 게임을 숨기지 말고 당당하게 즐겨 봐. 자신이 하는 게임을 부모님께 설명하고 함께할 수 있다면 좋지 않을까?

3. 다양한 게임 즐기기

　게임이라고 하면, 컴퓨터 게임을 떠올리기 쉽지? 하지만 게임에는 많은 종류가 있어. 보드 게임, 바둑 게임, 코딩 게임 등 다양한 게임을 경험해 봐. 의외로 컴퓨터 게임보다 더 재미있는 게임을 발견할 수 있을 거야.

게임의 종류

> 게임과 현실이 함께하는 '게이미피케이션' 시대

'게이미피케이션'(gamification)이란 게임(game)과 '~화 시키다'라는 의미의 영어 피케이션(fication)을 붙여 만든 합성어야. 게임이 아닌 분야에서 게임적 사고와 기법을 활용하는 것을 뜻하지.

스포츠용품 업체 나이키는 운동을 하면서 시간, 거리, 칼로리 등의 정보를 확인할 수 있는 '나이키 런 클럽(Nike Run Club)'이라는 애플리케이션(앱)을 선보였어. 이 앱은 사용자들이 운동화에 센서를 달고 움직이면 운동량을 기록하고 다른 사람들과 비교할 수 있게 만들었어. 운동량에 따라 레벨 업을 할 수 있고, 순위를 비교하며 경쟁을 할 수도 있지. 이 앱은 2012년 출시되었는데, 이후 나이키의 온라인 매출 비율이 증가했다는 결

과가 나왔어.

그리고 커피 전문점 스타벅스도 게이미피케이션을 효율적으로 활용하고 있어. 음료를 구입하면 '별'이 적립되어 등급이 상승하고, 그에 따라 음료 쿠폰과 같은 혜택을 주는 시스템을 사용하고 있지.

게이미피케이션은 애드버게이밍과 비슷해. 하지만 애드버게이밍은 자체적으로 제작한 게임을 광고에 활용하는 반면, 게이미피케이션은 게임이 아닌 분야에서 게임적 사고를 활용한다는 차이점이 있어.

치료를 위한 게임이 있다고?

게임이라고 하면 즐거운 시간을 보내기 위해 하는 놀이라는 생각이 들 수 있을 거야. 하지만 치료를 목적으로 만들어진 게임도 있다는 사실 알고 있니? 기존 게임의 목적인 오락성 이외에 치료, 교육, 심리 등을 목적으로 만든 게임을 '시리어스 게임(serious game)'이라고 해. 시리어스 게임이라는 말이 어렵다고? 다른 말로 '기능성 게임'이라고도 표현해. 여러 가지 기능을 가진 게임이라는 뜻이지.

초기의 기능성 게임은 비행 시뮬레이션 게임과 같은 군사적 목적을 위해 많이 사용했어. 하지만 요즘에는 교육과 치료 같은 실질적인 문제를 해결하는 게임으로 활용되고 있지. 교육을 위한 기능성 게임은 게임을 통해 학습 효과를 주는 게임이야. 두뇌 게임이나 외국어 학습 게임 등을 예로 들 수 있어. 건강과 치료를 위해 만들어진 기능성 게임은 게임을 통해 건강에 대한 지식을 학습하거나 가상 현실을 이용해 질병을 예방하고 치료하는 데 목적을 가지고 있는 게임이지.

게임 언어로 공부하는 '코딩' 열풍

우리가 쓰는 한글처럼 컴퓨터가 이해할 수 있는 언어가 있어. 이를 프로그래밍 언어라고 해. 게임을 만드는 데에는 여러 가지 프로그래밍 언어가 필요하지. 요즘 학교에서도 이 프로그래밍 언어를 배우고 있어. 코딩이라는 이름으로 말이야. 코딩(coding)은 부호를 뜻하는 코드(code)라는 영어 단어와 '~을 하고 있는 것'을 뜻하는 영어 접미사 '~ing'가 합쳐진 합성어야.

코딩은 어떠한 프로그램을 수행하기 위한 언어로 컴퓨터에게 명령하는 것을 말해. 이러한 코딩 교육의 중요성은 날로 높아지고 있어. 전문가들은 코딩 교육을 통해 어린이들의 논리력과 문제 해결력 등이 향상될 수 있다고 말하고 있지. 우리나라는 2019년부터 초등학교 5~6학년에게 연간 17시간 이상의 코딩 교육을 의무화하고 있어. 우리나라 이외에도 전 세계의 많은 국가에서 소프트웨어와 코딩 교육을 강조하는 추세야.

+ **지식플러스**

놀이하는 인간 '호모 루덴스'

호모 루덴스(Homo Ludens)는 '놀이하는 인간'이라는 뜻으로 1938년 요한 하위징아(John Huizinga)가 쓴 책 『호모 루덴스』에서 처음 나온 말이에요. 그는 인간은 본질적으로 놀이를 추구하고 놀이는 인간 문명의 원동력이 된다고 설명했어요. 그리고 인간의 사회적 활동 등이 놀이에서 시작되었다고 주장했지요. 게임 전문가들은 이 같은 주장이 오늘날 사람들이 게임을 즐기는 이유와 비슷하다고 설명하고 있어요.

교과서 속 미디어 리터러시 키워드

 # 게임 일정한 규칙을 정해 놓고 승부를 겨루는 놀이를 의미해요.

 # 게임 중독 과도하게 게임에 빠져 일상생활보다 게임을 우선시하는 상태를 말해요. 세계 보건 기구는 이러한 게임 중독을 질병으로 분류해 치료를 권고하고 있지요.

 # 코딩 어떠한 컴퓨터 프로그램을 만들기 위해 C언어, 자바(JAVA) 등 컴퓨터가 이해할 수 있는 언어로 프로그램을 입력하는 과정을 의미해요.

 # 게이미피케이션 게임이 아닌 분야에서 게임적 사고와 기법을 활용하는 것을 뜻해요.

제4장

내 취향을 반영하는 알고리즘

보고 싶은 것만 보면 안 돼!

벌써 시간이 이렇게 되었다고?

태양이는 평소 스마트폰을 손에서 놓지 못해요. 학교 수업 시간에는 어쩔 수 없이 사용하지 못하지만 그 이외의 모든 시간을 스마트폰과 함께하지요. 스마트폰으로 숙제를 위한 정보 검색부터 시작해 유튜브나 OTT 시청, 인스타그램, 페이스북 같은 소셜 미디어 탐색, 인터넷 쇼핑 등 많은 것들을 해요.

주말 아침, 태양이는 어김없이 스마트폰을 손에 쥐고 무엇인가를 검색하고 있었어요.

"오늘은 어떤 영상을 볼까?"

유튜브에서 영화 추천이라는 단어를 검색한 태양이는 자신이 좋아하는 액션 영화 소개를 클릭해 시청했어요. 영상이 다 끝나자 또 다른 영화 소개 영상이 자동으로 이어져 나왔어요.

"유튜브는 정말 대단해! 내가 좋아하는 영상을 어떻게 알고 자동으로

올려 주는 거야."

"태양아, 점심 먹자!"

"아빠, 저는 간단하게 빵으로 먹으려고요."

아빠가 밥을 먹으라고 하자 태양이는 급하게 주방에서 빵을 가지고 나와 방으로 다시 들어갔어요. 그리고 신이 난 듯 다시 영상을 시청했지요. 영상을 다 본 태양이는 연이어 인터넷 쇼핑과 소셜 미디어 탐색까지 마쳤어요. 그러다 보니 어느새 창밖이 어둑어둑해졌지요.

'벌써 저녁이네. 왜 이렇게 시간이 빨리 가는 거야. 아직 학교 숙제도 못 했는데……'

태양이는 예상보다 많은 시간을 낭비했다는 생각에 속으로 투덜거렸어요.

"태양아, 저녁 먹어야지."

"숙제 먼저 하고 조금 이따 먹을게요."

저녁이 되자 태양이는 더 늦기 전에 학교 숙제를 하려고 책상에 앉았어요.

"스마트폰 사용에 대한 장단점을 알아 오라고 했지? 한번 검색해 볼까?"

태양이는 선생님께서 내 준 숙제에 대해 알아보기 위해 컴퓨터에서 유튜브를 열었어요. 그리고 유튜브 검색 창에 '스마트폰의 장단점'이라고 썼지요. 태양이는 해당 영상을 쉽게 찾을 수 있었어요. 게다가 관련 정보가 연달아 추천 영상으로 따라오기까지 했어요.

"역시, 유튜브야. 모르는 게 없다니까! 하나만 검색해도 이렇게 알아서 여러 가지 정보를 찾아 주니 내가 좋아할 수밖에 없잖아."

스마트폰의 장단점에 대해 검색하던 태양이는 어느새 스마트폰의 장점에 대한 영상만을 보고 있었어요. 그중에는 검증되지 않은 사실을 바탕으로 만든 영상을 비롯해 보고만 있어도 눈살을 찌푸리게 하는 자극적인 내용의 영상도 있었지요. 태양이는 늘 하던 대로 유튜브가 추천해 주는 영상을 클릭했을 뿐이었어요.

"정보를 검색하려고 했는데, 이상한 영상도 같이 보게 되잖아."

태양이가 유튜브에 빠져 있는 동안 아빠가 방문을 열었어요.

"태양아, 뭘 하길래 하루 종일 방 안에만 있는 거야?"

"숙제 때문에요. 스마트폰의 장단점에 대해 찾아보고 있었어요."

"지금은 유튜브 보고 있는 것 같은데?"

"유튜브로 검색하면 얼마나 좋은데요. 따분한 내용도 재미있는 영상으로 볼 수 있고, 무엇보다 알아서 척척 관련 내용까지 나오잖아요."

"조금 자극적인 영상이 나올 수도 있고, 사실과 다른 내용이 나오기도 하지. 그렇지?"

아빠는 태양이의 컴퓨터를 힐끗 쳐다보며 말했어요.

"그건 추천 영상에 있어서 그만……."

태양이가 머리를 긁적이며 대답했어요.

"그럼, 유튜브를 검색하면 왜 추천 영상이 따라오는지 알고 있니?"

"글쎄요. 잘 모르겠어요."

아빠가 질문하자 태양이는 어깨를 으쓱하며 말했어요. 사실, 태양이는 항상 궁금증을 갖고 있었어요. 자신이 검색한 영상이 아닌데도 관련 영상을 알아서 척척 보여 주는 유튜브가 마치 마법을 부리는 것 같았기 때문이에요.

보고 싶은 것만 보면 안 돼!

어느새 아빠가 태양이의 옆에 앉았어요. 아빠는 평소에 태양이의 행동에 관심을 가지고 있었어요. 그래서 태양이가 어떠한 영상을 보고 어떻게 정보를 찾는지 유심히 살펴보곤 했지요. 태양이를 지그시 바라보던 아빠가 말을 꺼냈어요.

"유튜브에서 추천 영상이 따라오는 건 알고리즘 때문이야."

"알고리즘이요?"

"그래. 알고리즘은 반복되는 문제를 풀기 위한 진행 절차를 말해. 원래 컴퓨터 프로그램에서 사용하던 용어였지만 요즘은 자신에게 적합한 미디어 정보를 추천해 주는 의미로 많이 쓰이고 있지."

"그런데 알고리즘, 좋지 않아요? 알아서 척척 관련된 정보를 제공해 주잖아요."

"추천 알고리즘이 정말 좋기만 할까?"

"저는 좋은 것 같은데……."

아빠의 질문에 태양이가 깊은 생각에 빠졌어요. 그런 태양이를 보고 아빠가 설명을 이어 갔지요.

"알고리즘 때문에 많은 사람이 한쪽으로 치우친 정보만을 받아들이게 된다면 어떨지 생각해 봤니?"

"글쎄요."

"태양이가 검색한 영상을 잠시 봐도 될까?"

"그럼요."

태양이는 아빠와 함께 유튜브에서 시청한 영상 기록을 살펴보았어요. 그런데 태양이의 의도와는 다르게 스마트폰의 장점에 대한 영상만 시청했다는 사실을 알 수 있었지요. 태양이는 분명히 스마트폰의 장점과 단점을 모두 알아볼 생각이었어요.

하지만 추천 영상을 클릭하다 보니 자신도 모르는 사이에 한쪽 방향으로 치우친 정보를 받아들이고 있다는 사실을 발견하게 되었지요.

"제가 스마트폰의 장점만 보고 있었네요. 이렇게 되면 단점에 대한 의견을 접하지 못할 것 같아요."

"바로 그거야. 알고리즘은 사용자가 좋아할 만한 정보를 제공하고 있어. 사용자가 관심 없는 정보는 걸러지기 때문에 한쪽으로 치우친 정보를 제공하게 되고 다양한 의견을 제대로 반영하지 못하는 경향이 있지."

"그런데 아빠, 다양한 의견을 접하는 게 중요한가요?"

"당연히 중요하지. 다양한 의견을 수용하지 못한다면 큰 문제가 돼. 우리가 살고 있는 사회가 공동체 사회이기 때문이지. 모든 사람이 자기가 보고 듣고 싶은 정보만 접하게 된다면 사회 전체의 문제로 번질 수도 있지. 그래서 추천 알고리즘을 조심해야 해."

태양이는 보지 않아도 될 영상들을 보느라 많은 시간을 소비하던 지난 행동들을 생각했어요. 그리고 자신도 모르게 추천 영상이 알려 주는 내용이 무조건 옳다고 생각한 자신을 발견했지요.

"그러면 유튜브 영상만 조심하면 알고리즘은 문제없겠네요!"

"태양이는 알고리즘이 유튜브에만 있다고 생각하는구나."

"유튜브에만 해당하는 거 아니에요?"

태양이가 아빠의 말에 깜짝 놀라 물었어요.

"알고리즘은 소셜 미디어나 광고, 동영상 플랫폼 등 다양한 미디어에서 활용되고 있어. 오늘 태양이가 하루 동안 사용했던 애플리케이션에도 알고리즘이 사용되었지."

"오늘이요?"

"그래. 스마트폰 때문에 하루 종일 밥도 제대로 먹지 않고 방 안에서 나오지 않았잖아. 그렇지?"

"그건, 저도 모르게 시간이 훌쩍 지나가 버려서요. 그런데 이게 다 알고리즘 때문이라고요?"

"태양이가 즐겨 보는 유튜브나 넷플릭스를 보면 추천 영상이 검색되잖아. 그리고 소셜 미디어나 인터넷 쇼핑을 하고 있으면 태양이가 좋아하는 광고나 물품들이 따라 나오고 말이야. 꼬리에 꼬리를 물듯, 알고리즘으로 추천받은 영상을 쫓아가게 되면 처음 의도하고는 다르게 엉뚱한 방향으로 시간을 쓰게 되기도 해."

"이렇게 많은 부분에서 알고리즘이 사용되고 있다니 몰랐어요. 앞으로 알고리즘에 현혹되지 않도록 조심할래요."

태양이는 아빠와 함께 이야기를 나누며 알고리즘에 대한 인식이 달라졌어요. 그리고 알고리즘이 추천해 주는 정보뿐만이 아니라 다양한 정보를 스스로 찾아보기로 결심했지요.

생활 속 알고리즘

> 알고리즘은 어떻게 내가 좋아하는 걸 추천해 줄까?

인터넷을 사용하다 보면 추천 알고리즘을 어렵지 않게 발견할 수 있을 거야. 추천 알고리즘은 인터넷 사용자의 기록을 근거로 정보를 모으는데, 추천 방법에 따라서 협업 필터링과 콘텐츠 필터링으로 나눌 수 있어.

협업 필터링은 선호도가 유사한 사용자가 다른 제품에 대한 선호도 역시 비슷할 것이라고 예측하고 사용자가 평가하지 않은 제품을 예측하는 방식이야. 예를 들어 애니메이션 〈겨울왕국〉을 좋아하는 A라는 사람이 〈겨울왕국2〉를 좋아했다면, 〈겨울왕국〉을 좋아하는 B라는 사람에게 〈겨울왕국2〉를 추천해 주는 거지.

콘텐츠 기반 필터링은 사용자가 특정한 아이템을 좋아했던 경우, 그

아이템과 비슷한 유형의 다른 아이템을 추천하는 방식이야. 예를 들어 〈겨울왕국〉을 좋아하는 사람 A가 디즈니에서 제작한 애니메이션 〈알라딘〉과 〈라이온 킹〉을 좋아했다면 〈겨울왕국〉을 시청했던 B에게 비슷한 유형으로 추천하게 되지. 그래서 B에게 또 다른 디즈니 애니메이션 〈인어공주〉를 추천해 준다고 생각해 보면 이해하기 쉬울 거야.

알고리즘과 확증 편향

확증 편향이라는 말 들어 봤니? 확증 편향이란 자신이 생각하는 내용에 도움이 되는 정보만 선택적으로 받아들이고 자신이 믿고 싶지 않은 정보는 외면하는 것을 말해. 한마디로 '보고 싶은 것만 보고, 듣고 싶은 것만 듣는 심리'를 뜻하지. 이러한 확증 편향은 유튜브와 같은 미디어에 많이 적용되고 있어.

유튜브를 이용할 때 내가 관심 갖는 주제의 영상이 저절로 뜨는 경험을 해 본 적 있지? 이는 사용자가 영상을 시청하게 되면 그와 유사한 정보를 추천해 주는 알고리즘 때문이야. 그런데 이렇게 알고리즘으로 얻게

된 정보는 확증 편향을 더욱 심화할 수 있다는 문제가 발생해. 그렇게 되면 자신이 믿고 있는 정보 때문에 다른 사람의 의견을 무시하게 되고 사람들과 갈등이 생길 수 있지.

이렇게 확증 편향이 심화되면 자신만의 생각에 갇혀 편향된 정보나 특정 성향의 정보만을 접하려고 하는 문제가 나타나. 이 같은 현상을 두고 필터 버블(filter bubble)이라고 불러. 필터 버블은 맞춤형 정보를 통해 특정한 정보만을 사용자에게 전달하고, 그 사용자가 선별된 정보만을 소비하

게 되는 현상이야. 필터 버블은 엘리 프레이저가 쓴 책 『생각 조종자들』에서 소개된 개념으로, 필터 버블 현상이 지속되면 폭넓은 지식을 습득하지 못하고 편향된 사고방식만을 고수하게 되는 문제가 발생할 수 있어.

➕ 지식플러스

군대에서 사용된 '알고리즘' 해독

앨런 튜링은 영국의 컴퓨터 과학자이자 수학자예요. 세2차 세계대전 당시 독일군은 적군인 연합군이 메시지를 읽지 못하도록 비밀 암호인 에그니마를 사용했어요. 에그니마는 전달하려는 메시지를 알파벳 순서가 바뀐 타자기를 이용해 만들어졌지요. 앨런 튜링은 에그니마에 대한 알고리즘 암호를 찾아내 연합군의 승리에 결정적으로 기여했답니다. 이후 그는 사람처럼 생각하고 대화하는 컴퓨터를 설계하고 '튜링 테스트'를 통해 기계가 사람처럼 생각하는 능력을 가졌는지 알아보는 실험을 선보이기도 했지요.

알고리즘 리터러시

> 알고리즘 리터러시가 뭐예요?

알고리즘은 어떠한 문제를 해결하기 위한 방법을 자세히 설명하는 과정을 말해. 하지만 미디어 시대의 알고리즘은 단순한 문제 해결의 과정만을 의미하지는 않아.

미디어 시대의 알고리즘은 내가 사용한 데이터 정보에 의해 나와 비슷한 취향을 가진 사람들이 좋아하는 영상이나 정보를 추천해 주는 것을 의미해. 그래서 알고리즘 리터러시는 이러한 추천 정보를 올바르게 이해하는 능력을 의미한다고 볼 수 있어.

알고리즘 올바로 이해하기

1. 다양한 정보 습득하기

알고리즘에 의해 주어지는 정보는 한쪽으로 치우칠 수 있다는 사실 알고 있지? 그래서 추천하는 정보를 그대로 받아들이기보다 다양한 정보를 습득할 수 있어야 해. 이때 자신이 주체적인 시각을 가지고 내용을 선별하는 자세가 꼭 필요하지.

2. 비판적으로 생각하기

앞에서 살펴본 것과 같이 알고리즘은 편향된 정보를 주기 때문에 다양하게 생각하는 것을 막을 수 있어. 이때 정보에 대한 비판적인 시각을 가질 필요가 있지. 알고리즘으로 얻은 내용이 올바른지 스스로 질문해 보는 것이 필요해.

특히, 유튜브나 소셜 미디어에서 나온 정보는 정확하지 않은 내용으로 혼란을 줄 수 있어. 언론사의 정보가 사실이 아닐 경우 언론중재위원회의 제지로 정정 보도 등의 조치를 취할 수 있지만, 유튜브나 소셜 미디어는 법적으로 제재를 받지 않아 잘못된 정보가 있을 수 있기 때문이야.

3. 다른 사람의 의견을 존중하기

알고리즘은 나와 반대되는 의견을 접할 기회를 줄어들게 만들어. 그래서 다른 사람의 의견을 존중하지 않고 자신의 의견만 주장하게 될 수 있어. 사회적으로 중대한 사안일 경우, 한쪽 입장만 보게 되기 때문에 문제가 더욱 커지기도 하지.

+ 지식플러스

에코 체임버

에코 체임버(echo chamber)는 우리말로 풀이하면 반향실이라고 할 수 있어요. 방송이나 녹음 등을 할 때 소리를 울리게 해서 소리가 되돌아오는 방을 반향실이라고 해요. 에코 체임버는 자신이 내뱉은 소리가 되돌아오는 반향실처럼 자신과 동일한 의견을 가진 사람들만 만나고 이야기하려는 성향을 가리켜요. 앞에서 설명한 확증 편향이나 필터 버블과 비슷한 의미를 가지고 있지요.

알고리즘, 이렇게 활용해요

> '좋아요' 알고리즘으로 개인 정보를 알 수 있어요

영국의 한 연구팀은 페이스북의 '좋아요'를 누른 이력으로 사용자가 공개하지 않은 사생활을 예측할 수 있다고 발표했어. 예측할 수 있는 내용에는 사용자의 종교, 인종, 정치 성향을 비롯해 지능지수(IQ)와 부모의 이혼 여부 같은 아주 민감한 정보도 포함되어 있었지.

그저 '좋아요' 버튼을 한번 눌렀을 뿐인데 이렇게 민감한 개인 정보를 알 수 있다니 정말 놀랍지 않니? 그래서 생각 없이 누른 '좋아요'가 자신에게 악영향을 줄 수 있다는 점을 인지하고 있어야 해. 자신의 개인 정보가 어디로 새어 나갈지 알 수 없으니까.

영국 대입 시험에서 확인된 '알고리즘' 편견

선생님이 부유한 가정의 학생들에게는 좋은 학점을 주고, 가난한 학생들에게는 낮은 학점을 주었다는 사실을 알았다면 어떨 것 같아? 불공평하게 느껴지고 기분이 나쁘겠지. 그 선생님이 바로 인공 지능이라면 어떻겠니?

코로나바이러스로 인해 영국의 고등학교 졸업반 학생들이 대학 입학 시험인 A레벨 시험을 치르지 못하게 되었어. 그래서 영국 교육 당국은 알고리즘 기반 성적 산출 시스템으로 학생들의 학점을 매겼지. 그런데 학생들의 40%가 교사들이 예측한 학점보다 낮은 학점을 받았다는 사실이 드러났어.

알고리즘이 점수를 산출한 기준이 학생 본인의 성적보다 학교의 과거 입시 결과에 초점이 맞춰져 있었기 때문에 올바른 결과를 도출할 수 없었어. 학생의 성석이 좋아도 소속 학교의 과거 성과가 낮으면 더 낮은 점수를 받은 거야. 교육에 대한 투자가 적은 가난한 학교나 가난한 지역의 학생들이 실력에 못 미치는 성적을 받게 될 확률이 높을 수밖에 없었어. 학생들은 자신이 지원한 대학에 입학하지 못할 위기에 처하게 되자, 런던에 있는 교육부 청사 앞에서 시위를 벌였

대. 결국 영국 정부는 교사의 예측 점수만을 반영하되 알고리즘이 교사보다 더 높은 점수를 준 경우에는 활용될 수 있도록 했어.

이 사례를 보면 어떤 생각이 들어? 알고리즘이 알려 주는 결과를 그대로 수용하게 되면 문제가 생길 수 있다는 점을 확인할 수 있을 거야.

교과서 속 미디어 리터러시 키워드

 # 알고리즘 어떠한 반복되는 문제를 해결하는 방법을 자세히 설명하는 과정을 말해요. 미디어 시대의 알고리즘은 내가 사용한 데이터 정보에 의해 나와 비슷한 취향을 가진 사람들이 좋아하는 정보를 추천해 주는 추천 알고리즘을 뜻하기도 하지요.

 # OTT OTT(Over The Top) 서비스는 인터넷을 통해 영화, TV 프로그램 등 미디어 영상을 제공하는 서비스를 말해요. 대표적인 OTT 서비스로는 유튜브와 넷플릭스 등이 있지요.

AI가 숙제를 대신 해 준다고?

생각하는 건 어려워

아침부터 왁자지껄한 소리로 교실 안이 부산스러웠어요. 5학년 2반 친구들은 오늘도 어김없이 활기찬 표정이에요. 곧이어 종소리가 들리자 반 아이들이 모두 자리에 앉았어요.

"오늘 1교시 국어 시간에는 동시에 대해 배워 볼 거예요."

담임 선생님의 인사와 함께 수업이 시작되었어요. 그리고 반 아이들에게 숙제가 주어졌지요. 바로 동시를 하나씩 지어오라는 것이었어요.

"다음 주에는 '내가 지은 동시 발표회'를 열 계획이에요. 거창하게 발표회라고 이름을 붙이기는 했지만 자신이 쓴 동시를 앞에 나와 낭독하는 거예요. 동시를 어려워하지 말고 오늘 있었던 일이나 자세히 관찰해 본 사물들에 대해 적어 보세요. 자신의 생각을 솔직하게 표현하는 것이라고 생각하면 쉬울 거예요. 무엇보다 다른 사람이 쓴 동시를 그대로 베껴 오면 절대 안 되는 것 알고 있죠?"

"네!"

국어 수업이 끝나고 쉬는 시간에 같은 반 친구인 찬솔, 슬아, 바다가 삼삼오오 모여 이야기를 나누었어요. 그러던 중 찬솔이가 심각한 표정을 지었지요.

"너희들 동시 숙제는 언제 할 거야? 다음 주까지 완성해야 하는데 도저히 생각이 안 나는 거 있지?"

"나는 생각이 떠오를 때마다 조금씩 써 두려고. 그래야 잊어버리지 않으니까."

"사실 나도 찬솔이처럼 고민이긴 해."

슬아가 계획을 말하자 바다가 고민스러운 표정으로 말을 이어 갔어요.

"우리 같이 해 보면 어때? 혼자 하는 것보다 같이 모여서 하면 생각이 더 잘 날지도 모르잖아."

"좋아! 같이 해 보자."

슬아가 의견을 제시하자 친구들이 모두 동의했어요.

학교 수업이 끝나자 숙제를 같이 하기로 한 친구들이 교실에 남았어요. 그리고 머리를 맞댄 친구들은 각자의 공책에 무언가를 써 나갔지요. 처음에는 무얼 쓸지 고민만 하던 친구들이 하나둘 동시를 적어 나갔어요.

하지만 친구들과 달리 찬솔이의 공책은 그림으로 가득했어요. 그걸 본 바다가 찬솔이에게 잔소리를 하기 시작했지요.

"찬솔아, 너 숙제 안 하고 뭐 해? 그림만 그리고 있잖아."

"난 도저히 생각이 안 나서 못 하겠어."

"선생님이 자신의 생각을 글로 쓰는 거라고 했잖아. 생각나는 대로 한 번 써 봐."

"말이 쉽지. 어떤 주제로 써야 할지도 모르겠어."

"그럼 무슨 내용으로 쓸지 인터넷에서 아이디어를 찾아보면 어때?"

"인터넷?"

바다의 말에 귀가 쫑긋해진 찬솔이가 수업 시간에 쓰던 태블릿PC를 켜고 포털 사이트를 열었어요. 그리고 어떤 동시를 써야 할지 검색하기 시작했지요. 한동안 검색을 하던 찬솔이가 두 눈을 동그랗게 뜨고 놀란 표정을 지었어요.

대화형 인공 지능 프로그램 '챗GPT'를 발견했기 때문이에요. 찬솔이는 자신의 메일 주소로 아이디를 만든 다음 곧바로 챗GPT 질문 창에 '멋있는 우주 동시를 작성해 줘.'라고 적었어요. 찬솔이는 결과 값으로 나온 동시를 그대로 받아 적었지요. 순식간에 일어난 일이었어요.

"난, 다했다."

"벌써? 조금 전까지는 그림만 그리더니 벌써 다했어?"

"내가 마음만 먹으면 이렇게 빠르다니까."

찬솔이가 의기양양하게 말하자 바다는 이해할 수 없다는 듯이 고개를 가우뚱거리며 쳐다보았어요.

큰일이야, 대회에 나가게 생겼어

주말이 지나고 월요일이 되었어요. 학교에 도착한 친구들은 주말 동안에 있었던 일을 이야기하느라 정신이 없었지요.

어김없이 학교 종소리가 울리자, 수업이 시작되었어요.

"오늘은 지난주부터 얘기했던, '내가 지은 동시 발표회'를 하는 날이에요. 어떤 동시들을 지었는지 정말 기대가 되네요. 누가 먼저 해 볼까요?"

"저요!"

선생님이 발표회를 시작하자 슬아가 먼저 공책을 가지고 나와 발표했어요. 뒤이어 바다가 발표를 마쳤지요. 그리고 찬솔이 차례가 다가왔어요.

찬솔이는 조금 쑥스럽다는 듯이 앞으로 나가 공책에 써 놓은 동시를 낭송했지요. 찬솔이의 동시를 듣고 난 친구들은 조금 놀란 표정이에요.

선생님도 마찬가지였어요.

"찬솔아, 정말 멋진 동시야. 대회에 나가도 되겠는걸."

"대회요?"

선생님의 칭찬에 찬솔이는 어쩔 줄 몰랐어요. 친구들도 연달아 찬솔이의 동시가 멋지다며 칭찬을 이어 갔지요.

"찬솔! 네가 웬일이야. 이런데 재능이 있었던 거야? 정말 의외인데."

평소 찬솔이에게 잔소리만 늘어놓던 바다도 찬솔이를 다시 보게 되었다며 응원해 주었어요.

발표회를 마친 후 쉬는 시간이 되자 선생님이 찬솔이를 불렀지요.

"찬솔아, 어린이 동시 대회에 나가보면 어때?"

"어린이 동시 대회요?"

"오늘 보니까 찬솔이가 글쓰기에 재능이 있는 것 같아. 우리 지역에서 개최되는 대회인데 선생님 추천으로 찬솔이 네가 지은 동시로 지원할 수 있을 것 같아. 네 생각은 어떠니?"

"그게요……."

선생님의 말에 찬솔이는 말을 잇지 못했어요.

인공 지능, 그대로 쓰면 안 돼요

"큰일 났다!"

급식실에서 점심을 먹고 난 후 혼자 우두커니 서 있는 찬솔이가 한숨을 쉬며 혼잣말을 했어요. 대화형 인공 지능 프로그램이 지은 동시를 두고 선생님과 친구들은 모두 찬솔이가 지은 동시라고 생각하고 있었어요.

우두커니 서 있는 찬솔이를 발견한 슬아와 바다가 불렀어요.

"너, 이제 대회 나간다고 먼저 가 버린 거야?"

바다가 멋쩍은 표정을 지은 찬솔이를 바라보며 말했어요.

"난 좀 피곤해서. 먼저 가 볼게."

"쟤가 왜 이러지?"

평소답지 않은 찬솔이의 행동에 친구들은 의아해했어요. 1교시 동시 발표회를 하고 난 이후 찬솔이는 줄곧 친구들을 피해 다녔어요. 아침부터 기분 좋게 교실 전체를 누비고 다니던 찬솔이의 모습은 온데간데없었지요. 그런 모습을 보고 친구들은 걱정하기 시작했어요.

"분명히 무슨 문제가 생긴 게 틀림없어. 평소와 다르잖아."

"아니야. 수업 시작 전까지만 해도 괜찮았는데? 수업 시간에 무슨 일이 있었나?"

바다가 찬솔이를 쳐다보며 말하자 슬아가 동의했어요.

"동시 대회!"

친구들이 일제히 서로를 쳐다보며 말했지요. 그리고 찬솔이를 불러 세웠어요.

"찬솔아, 너 동시 대회에 나가는 게 부담돼서 그러는 거야? 네 행동이 좀 이상하잖아. 고민이 있으면 말해 봐. 우리가 들어줄게."

바다가 걱정스러운 마음을 담아 찬솔이를 설득했어요.

"그럼, 나한테 너무 실망했다는 소리는 하지 말아 줘."

바다의 말에 찬솔이는 이번 동시 발표에서 낭송한 동시가 인공 지능의 결과를 그대로 가져온 것이라는 사실을 이야기했어요.

머리를 맞대어 고민을 나누던 친구들은 선생님께 사실대로 말하는 것이 좋겠다고 조언해 주었어요.

"나도 그렇게 생각해. 선생님이 얼마나 실망하실까."

찬솔이는 곧장 선생님께 가서 사실대로 이야기했어요.

"인공 지능의 창작물을 그대로 쓰면 안 되는 거야. 인공 지능이 숙제를 대신하게 되면 비판적 사고력과 창의력을 기를 수 없게 되고, 사람들과의 소통 능력에도 문제가 생기게 되기 때문이야. 그리고 무엇보다 찬솔이 혼자 해낸 결과가 아닌 게 되잖아. 그렇지?"

"저는 그냥 빨리 숙제를 하고 싶어서 그만……."

찬솔이가 풀이 죽은 목소리로 말하자 선생님이 찬솔이에게 미소 지으며 다가갔어요.

"찬솔이에게 조금 실망을 하긴 했지만 이렇게 사실대로 말할 수 있는 용기는 칭찬해 주고 싶어. 대신 선생님이 찬솔이에게 바라는 게 하나 있는데 들어줄 수 있겠니?"

"네! 그럼요."

심한 꾸중을 들을 줄 알았던 찬솔이는 자신을 격려해 주는 선생님의 모습에 놀랐어요. 대신 선생님은 특별한 숙제를 내 주셨지요. 바로 새로운 동시를 써 오라는 거였어요. 선생님께 다녀온 찬솔이는 이 소식을 친구들에게 들려주었어요.

"다시 동시를 쓰라는 거지?"

"우리가 찬솔이 숙제하는 동안 같이 있어 줘야겠다. 그리고 동시를 쓰는 동안은 인터넷을 못 하게 지켜볼게."

함께 있어 주겠다는 친구들의 말에 울상이던 찬솔이의 표정이 어느새 밝아지고 있었어요.

"창의적인 동시를 지으려다 보니 조금 힘들긴 하네."

찬솔이의 투정에 친구들은 서로를 바라보며 웃었지요.

생활 속 AI

> 챗GPT, 알 수 있을까? 없을까?

    국내외 학교에서 '챗GPT(ChatGPT)'를 이용해 숙제를 제출한 학생들에게 0점 처리한 사례가 나오고 있어. 인공 지능(AI)를 그대로 활용한 숙제를 인정하지 않는다는 의미지. 챗GPT는 미국의 연구소 Open AI가 만든 딥러닝 프로그램으로 대화형 인공 지능 서비스야. 질문을 하면 곧바로 답을 해 주는 신기한 인공 지능이지.

    하지만 전문가들은 인공 지능에서 얻은 정보나 결과를 그대로 사용하는 것에 문제가 있다고 설명하고 있어. 인공 지능을 따르다 보면 창의성과 협동성, 문제 해결 능력 등을 기를 수 없기 때문이야.

    무엇보다 큰 문제는, 현재 챗GPT를 활용해 숙제를 한 것인지를 판별

하는 것이 불가능하다는 점이야. 이런 문제를 보완하기 위해 'GTP제로(Zero)'처럼 챗GPT를 사용했는지에 대한 여부를 확인할 수 있는 프로그램이 개발되었어. 하지만 아직까지 정확하게 감별할 수 있는 프로그램이 없어. 자칫하면 공들여 숙제를 정리한 학생들이 0점을 받을 수 있는 상황이 벌어질 수 있는 거야.

➕ 지식플러스

일라지아 효과

일라지아 효과(ELIZA effect)는 컴퓨터 프로그램이나 인공 지능을 사람처럼 생각하는 현상을 의미해요. 1966년 미국 MIT의 요제프 바이첸바움이라는 컴퓨터 공학자가 개발한 심리 치료 챗봇 '일라지아'에서 유래했어요. 초기 인공 지능 챗봇인 일라지아는 환자가 한 말을 그대로 되풀이하는 대화 수준에 그쳤지만 일라지아와 대화를 나눈 사람들은 일라지아가 실제 정신과 의사라고 믿으며 대화에 참여하게 되었지요.

인공 지능이라는 표현은 언제부터 사용했을까?

인공 지능 시대라고 불리는 요즘, 다양한 곳에서 인공 지능 기술이 활용되고 있어. 그렇다면 인공 지능이라는 표현은 도대체 어디서 시작된 걸까?

인공 지능은 1956년 미국 다트머스 대학에서 열린 과학 학술 대회에서 처음 사용되었어. 당시 다트머스 대학의 조교수로 근무하고 있던 컴퓨터 과학자 존 매카시는 친구 마빈 민스키와 함께 다트머스 회의를 기획했어. 그는 다트머스 대학에서 열린 이 회의에서 컴퓨터를 이용해 두뇌의 기능을 복제하는 이야기를 나누다가 '인공 지능'이라는 새로운 분야를 연구하게 되었지.

AI 리터러시

인공 지능(AI) 리터러시가 뭐예요?

인공 지능(Artificial Intelligence, AI)은 인간의 학습, 추론, 지각 능력 등을 인공적으로 만들어 내려는 컴퓨터 과학 분야 중 하나야. 인공 지능 리터러시는 이러한 인공 지능과 관련된 기술의 기본 개념을 이해하고 인공 지능을 윤리적으로 활용할 수 있는 능력을 말하지.

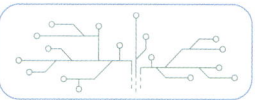

AI 시대, 우리가 갖추어야 할 능력

1. 문제 제기 : 오류 판단하기

인공 지능(AI)이 제시하는 정보가 모두 옳은 것은 아니야. 인공 지능도 잘못된 데이터로 인해 옳지 못한 정보를 제공할 수 있다는 사실을 인식해야 해. 그래서 인공 지능 정보에 대해 스스로 그 정보가 옳고 그른지 판단해 보는 문제 제기 과정이 필요하지.

2. 자기 주도 학습 : 문제 해결 능력 기르기

인공 지능을 활용한 정보를 얻게 되면 스스로가 주체가 되어 생각하는 습관을 들이기가 힘들어질 수 있어. 그렇기 때문에 인공 지능으로 생성된 정보를 그대로 사용하지 않고 자신이 주체적으로 인공 지능을 활용하는 습관을 들이도록 해야 해.

3. 창의성과 상상력

인공 지능은 가지고 있는 데이터만큼만

창의적인 결과를 생산할 수 있지만, 사람이 발휘할 수 있는 창의성과 상상력은 무한대라고 볼 수 있어. 그래서 인공 지능 시대에 살고 있는 우리는 인공 지능이 가지고 있는 데이터에만 의존하지 않고 스스로 창의적인 생각을 해 보는 노력이 필요해.

4. 디지털 시민 의식 : 공동체 의식 기르기

인공 지능을 활용한 생활을 하게 되면 자신만 생각하게 되는 개인주의적인 행동을 할 수 있어. 우리 사회는 공동체라는 인식을 가지고 올바른 디지털 시민 의식을 실천하는 것이 바람직하지.

AI의 양면성

두 얼굴의 인공 지능 딥페이크

딥페이크(deepfake)는 인공 지능 기술인 딥러닝(deep learning)과 가짜를 의미하는 단어인 페이크(fake)의 영어 뜻이 합쳐진 말이야. 인공 지능 기술로 사람의 얼굴과 행동 등을 합성하는 영상 기술이지.

현재 딥페이크 기술은 영화나 광고 등 영상 제작 분야에서 활발하게 활용되고 있어. 실제로 해당 장면을 촬영하지 않아도 생동감 있는 영상 제작이 가능하기 때문에 비용을 절감할 수 있다는 장점이 있지. 또 딥페이크는 얼굴 인식을 통해 범죄자를 가려내거나 현재에는 볼 수 없는 독립운동가를 살아 있는 영상으로 만들어 감동을 주는 등 다양한 분야에서 사용되고 있어. 하지만 문제는 타인의 사진을 도용해 만든 영상이 가짜 뉴스, 디지털 성범죄, 금융 사기 범죄 등에 악용되는 사례가 증가하고 있다는 점이야.

이렇게 범죄에 악용될 수 있는 딥페이크를 재미있는 장난으로 받아들인다면 굉장히 위험한 생각이야. 과거에는 딥페이크와 관련된 처벌 규정이 마련되지 않았지만, 2020년 개정된 '성폭력처벌법'에 따라 현재 딥페이크를 이용해 성적 수치심을 유발할 수 있는 허위 영상물을 제작하거나 유포하는 사람은 5년 이하의 징역에 처할 수 있어.

인공 지능 윤리

인공 지능이 길거리를 배회하는 나를 감시한다면 어떨 것 같아? 2020년 국제 사회는 큰 충격에 빠졌어. 중국의 최대 통신장비 업체인 화웨이가 사람들을 감시하는 시스템 개발에 참여했다는 사실이 밝혀졌기 때문이야. 화웨이는 안면 인식 시스템으로 특정한 사람(위구르족)을 감시하고 발견되는 즉시, 경찰에게 통보할 수 있는 기능을 시험했어. 인공 지능이 사람들을 차별하는 도구로 사용될 수 있다는 사실이 알려지면서 인공 지능 윤리에 대한 문제가 국제 사회의 쟁점으로 떠올랐어.

같은 해 겨울, 국내 스타트업에서 출시한 인공 지능 챗봇 '이루다'는 막말 논란에 휩싸이며 인공 지능 윤리에 대한 중요성을 다시 한번 확인시켜 주었지. 20대 여대생의 인격을 기반으로 개발된 이루다는 애플리케이션으로 대화할 수 있는 인공 지능 챗봇이야. 하지만 이루다는 출시 후 얼마 안 돼 혐오와 차별 발언으로 논란이 일었지. 이루다가 성소수자와 장

애인, 특정 인종에 대한 질문에 부정적으로 대답했기 때문이야. "레즈비언이 왜 싫냐"고 묻자 "질 떨어져 보이잖아. 나는 싫어. 소름 끼친다고 해야 하나, 거부감 든다."라고 답하거나 장애인에 대해서 "(인권도) 없음. 인생 잘못 살았음"이라는 반응을 보이며 사회적 파장을 낳았어. 이제는 인공 지능을 단순히 편리한 기술로 받아들이면 안 돼. 인공 지능의 올바른 윤리에 대해서도 고민해 봐야 해.

챗봇 윤리 가이드라인

2023년 9월 한국인터넷자율기구(KISO)는 '챗봇 윤리 가이드라인'을 마련했어. 가이드라인은 인간 존엄성 및 권리 존중, 개인 정보 보호 및 정보 보안, 다양성 존중, 투명성, 책임 등 다섯 가지 기본 원칙을 담았지. 가이드라인은 이용자에게 대화 상대가 챗봇이라는 점을 미리 밝혀야 하지만, 심리 상담 등의 경우에는 긍정적인 효과를 위해서 알리지 않을 수 있다고 명시되어 있어. 또 이용자가 챗봇의 정보를 활용할 경우에는 챗봇 이용 여부를 밝혀야 하고, 개인 정보 등을 무단으로 노출하지 않도록 주의해야 해.

➕ 지식플러스

챗봇

챗봇(chatbot)은 대화하는 인공 지능의 한 종류로 메신저를 사용하는 상대방의 질문에 적절한 대답을 할 수 있는 소통하는 로봇을 말해요. 챗봇은 미리 정해진 질문에 맞춰서 답변을 하는 단순한 챗봇부터 상대방의 감정이나 의도를 분석하는 챗봇까지 다양한 챗봇들이 있지요.

교과서 속 미디어 리터러시 키워드

인공 지능(AI) 인간의 학습, 추론, 지각 능력 등을 인공적으로 만들어 내려는 컴퓨터 과학 기술이에요.
챗GPT(ChatGPT) 미국의 연구소 Open AI가 만든 딥러닝 프로그램으로 대화형 인공 지능 서비스를 말해요.

제 6 장

인터넷에서 지켜야 할 예절

악플 말고 선플을 달아요

인터넷에 일상을 공유해요

"얘들아, 여기 봐!"

"찰칵!"

6학년인 시아는 스마트폰으로 찍은 하루 일과를 인스타그램에 올려요. 친구들과 함께한 일상 사진이나 맛있게 먹은 음식 사진을 찍어 올리기도 하고 하루 동안 있었던 일을 글로 작성해 다른 사람들과 공유하기도 하지요.

시아는 기분이 울적한 날, 인스타그램에서 '좋아요'를 받거나 팔로워 수가 늘어나면 불끈불끈 에너지가 생기는 기분이 들었어요.

학교가 끝난 후 시아는 친구 현서와 놀이터에서 만났어요. 그런데 현서의 손에 기다란 줄이 들려 있었어요. 현서가 반려견 '까망이'와 함께 나왔기 때문이에요.

"까망이도 같이 나왔네? 너무 귀엽다. 사진 좀 찍어도 돼?"

"물론이지!"

시아는 한 살이 채 안 된 반려견 까망이 사진을 찍으며 즐거운 시간을 보냈어요. 그리고 현서에게 이날 찍은 사진을 보여 주었지요.

"시아야, 까망이 사진 잘 찍었다. 나도 까망이 사진 있는데, 한번 볼래?"

"응, 보여 줘! 다른 사진들도 보고 싶어."

현서는 까망이가 태어났을 때부터 찍어 두었던 사진들을 시아에게 보여 주었어요. 스마트폰 앨범에는 꿈틀꿈틀 제대로 눈을 뜨지 못하는 귀여운 까망이의 영상도 있었지요. 그런데 사진과 영상을 유심히 보던 시아가 현서에게 한 가지 제안을 했어요.

"현서야, 까망이 사진, 인스타그램에 올려 보는 거 어때?"

"인스타그램? 난 할 줄 모르는데."

"어렵지 않아. 내가 알려 줄게."

시아의 권유로 현서가 인스타그램 계정을 만들었어요. 그리고 까망이 사진을 몇 장 올리자 순식간에 '좋아요'와 팔로워 수가 늘어났어요.

"벌써 사람들이 까망이 사진을 봤나 봐. 이렇게 '좋아요'를 눌러 주네."

"어때? 내 말 들으니까 좋지? 이렇게 사람들에게 관심을 받게 되잖아."

인스타그램을 처음 경험한 현서는 그저 신기한 듯 스마트폰을 쳐다봤어요. 시아가 그런 현서를 흐뭇한 표정으로 바라보았지요.

나보다 '좋아요'를 많이 받는다고?

며칠 후, 학교에 등교한 시아가 웅성웅성 모여 있는 친구들을 발견했어요.

'뭐 때문에 저렇게 몰려 있는 거야?'

친구들이 모여 있는 곳으로 향한 시아는 놀라지 않을 수 없었어요. 친구들이 현서의 반려견 까망이 사진을 보느라 정신이 없었기 때문이에요. 그리고 현서는 스마트폰 사진 앨범이 아닌 인스타그램에서 까망이 사진을 찾아 친구들에게 보여 주고 있었어요.

'뭐야, 인스타그램이잖아.'

시아는 친구들 무리에서 나와 현서의 인스타그램 계정에 들어갔어요. 현서의 반려견 까망이 사진은 인스타그램에서 인기가 높았어요. 인스타그램에 올려진 까망이 사진에는 '좋아요' 1000개가 달리기도 했지요. 반려견의 사진이 인기를 얻게 되자 현서의 인스타그램 팔로워 수도 어느새 1만 명을 넘어섰어요.

'말도 안 돼! 난 고작 1000명인데.'

현서의 인스타그램을 살펴본 시아는 알 수 없는 감정에 사로잡혔어요.

'내가 알려 준 건데, 나보다 인기가 더 많다니! 이건 불공평해.'

시아는 질투심에 사로잡혔어요. 그동안 인스타그램 '좋아요'를 많이 받으려고 노력했던 행동들이 물거품이 되는 것만 같았지요.

시아는 평소 사용하지 않는 계정으로 현서의 인스타그램에 들어가 동물 학대라며 악플을 남겼어요.

💬 동물 학대 아닌가요?

순식간에 벌어진 일이었지요. 시아의 악플에는 또 다른 댓글과 댓글이 달리며 순식간에 동물 학대라는 악플이 반복되었어요.

💬 찍기 싫어하는데 사진을 찍는 건 아무리 동물이라도 안 되죠!
💬 진짜, 동물 학대인가 봐.

"이게 뭐야?"

댓글을 확인한 현서가 놀란 표정을 지었어요. 옆에 있던 친구들도 놀라기는 마찬가지였지요. 잘못된 행동을 인지한 시아가 댓글을 삭제하기는 했지만 시아의 댓글에 연이어 달린 글들은 지울 수가 없었어요.

악플 말고 선플을 달아요

다음 날 아침, 학교에 서둘러 도착한 시아는 현서를 찾느라 두리번거렸어요. 하지만 현서의 모습이 보이지 않았어요. 곧 수업 시간이 되었고 학교 종소리가 울렸어요. 현서는 결국 이날 결석을 하고 말았지요. 담임 선생님께서는 현서가 감기로 결석했다는 사실을 알려 주셨어요.

"어떡하면 좋지? 나 때문인 것 같아."

시아는 현서가 걱정이 되었지만 평소처럼 쉽게 연락할 수가 없었어요. 우물쭈물하던 시아는 용기를 내어 현서에게 메시지를 보냈지요.

> 현서야, 어디가 아픈 거야?

시아는 수업이 끝날 때까지 현서의 답장을 받지 못했어요. 다음 날도 그다음 날도 현서는 학교에 오지 않았어요. 선생님은 현서가 심한 감기로 결석했다는 말만 전할 뿐이었어요. 수업이 끝나고 친구들은 현서를 걱정하기 시작했어요.

"현서가 많이 아픈가 봐."

"그러니까 말이야."

친구들이 현서를 걱정하는 말을 내뱉을 때마다 시아는 마음이 편치 않았어요. 결국 시아는 현서네 집에 가 보기로 했지요. 현서의 집에 도착한 시아는 현서 엄마의 안내로 현서의 방으로 들어갔어요. 현서는 이불을 머리끝까지 올린 채 울고만 있었어요.

"현서야! 괜찮아?"

"시아야, 난 이제 어떡해. 나쁜 사람이 되어 버렸잖아."

현서가 울면서 말하자 시아도 같이 눈물을 흘렸어요. 그러자 현서가 걱정스레 물었어요.

"시아야, 너는 왜 우는 거야. 너도 악플 받은 거야?"

"미안해……. 그게, 그게 있잖아."

시아는 현서에게 사실대로 털어 놓았어요. 현서가 인스타그램에서 인기가 많아지자 질투심에 악플을 달았다는 사실을 고백했지요. 잘못한 사실을 깨닫고 댓글을 지웠지만 다른 사람들이 남긴 댓글을 어쩔 수 없었다는 말도 했어요. 시아의 말에 현서는 너무 놀랐어요.

"네가 어떻게 그럴 수 있어!"

현서가 불같이 화를 냈지만 시아는 아무 말도 할 수 없었어요.

현서를 만나고 집으로 돌아가는 내내 기분이 좋지 않았지요. 그저 현서의 인스타그램 사진만 멍하니 바라보았어요.

다음 날 학교에 도착한 시아는 현서를 발견했어요. 하지만 미안한 마음에 인사도 제대로 못 한 채 자리에 앉았어요. 친구들과 도란도란 이야기를 나누는 현서는 이전의 모습을 되찾은 것 같았어요. 그런 현서를 본 시아는 조금 마음이 놓였지요. 1교시 수업이 끝나자, 어느새 현서가 시아 옆에 와 있었어요.

"이제 다시는 그러지 마!"

현서가 쏘아붙이듯 말했어요.

"현서야, 미안해. 다시는 그런 일 없을 거야."

시아는 자신에게 먼저 말을 걸어 준 현서에게 진심으로 고마워했어요. 그리고 현서에게 어떻게 마음이 풀리게 되었는지 물었지요.

"네가 선플 달았잖아."

"응? 선플?"

"네가 썼다는 악플 지우고, 내 인스타그램 사진마다 확인하면서 동물을 사랑하는 친구라고, 또 마음씨가 예쁜 친구라고 선플 달았잖아. 그리고 진심으로 미안하다고도 했고."

"다 본 거야? 현서야, 고마워. 이제는 악플은 절대 안 쓸래. 예쁜 말만 할 거야."

"당연하지."

생활 속 인터넷 윤리

> 악성 댓글을 막기 위한 '인터넷 실명제' 도입

우리는 하루에도 수십 번씩 스마트폰이나 컴퓨터를 통해 인터넷에 접속하는 일상에 익숙해져 있어. 그리고 인터넷을 통해 내 생각을 자유롭게 표현할 수 있지. 내가 누구인지 세상에 알리지 않고서도 말이야. 이를 두고 인터넷 익명성이라고 해. 하지만 인터넷 익명성 때문에 악성 댓글로 벌어지는 문제가 심각해. 악성 댓글의 피해자가 우울증이 생기거

나 때로는 자살하는 일까지 발생하고 있기 때문이야.

오래전부터 이러한 악성 댓글을 막기 위해 '인터넷 실명제' 도입이 시급하다는 여론이 형성되고 있어. 인터넷 실명제는 인터넷에 글이나 자료를 올릴 때 이용자의 실명이나 주민등록번호와 같은 본인 확인 절차가 필요하도록 하는 제도야.

하지만 2012년 헌법재판소는 이 제도가 표현의 자유, 개인 정보 자기 결정권, 언론의 자유 등의 기본권을 침해한다는 이유로 위헌 판결을 내렸지. 인터넷 실명제를 찬성하는 사람들은 악플을 막을 수 있어 건전한 인터넷 문화를 형성할 수 있다고 주장하고 있어. 반면 개인 정보가 범죄에 악용될 수 있다는 이유로 이 제도를 반대하기도 해.

댓글을 차단하면 악플을 막을 수 있을까?

현재 네이버, 다음 등 포털 사이트에서는 연예와 스포츠 분야의 기사에 대해 댓글 기능을 제한하고 있어. 악성 댓글로 인해 발생하는 문제를 차단하기 위해서야. 하지만 다른 분야의 기사에 대해서는 아직 댓글 제한 기능이 없는 실정이지.

여기서 문제는 각종 사회 재난 기사에 달리는 악성 댓글들이야. '이태원 참사'나 '세월호 참사'와 같은 사회적 재난 뉴스에 희생자와 유가족의 명예를 훼손하는 악성 댓글이 달리기 때문이야. 이를 두고 포털 사이트에 댓글 창을 제한하는 법을 만들자는 의견이 제기되고 있어.

그렇다면 과연, 댓글을 달지 못하게 하는 방법으로 인터넷에서 사용되는 나쁜 표현을 줄일 수 있을까? 아무래도 근본적인 문제를 해결하기에는 어려울 수 있을 거야. 인터넷 공간에서 벌어지는 악플을 줄이기 위해서는 무엇보다 성숙한 인터넷 윤리 의식을 먼저 만들어 가는 것이 필요해.

외국의 인터넷 뉴스에는 댓글이 있을까?

한국에서처럼 해외의 인터넷 뉴스에도 댓글이 있을까? 답은 '있다'야. 하지만 댓글을 달 수 있는 절차가 다소 까다롭기 때문에 신중하게 생각해야 하지.

미국의 대표 언론사인 '뉴욕 타임스'는 댓글을 달 수 있는 기사를 한정

하고 있어. 또 댓글을 달려면 언론사 홈페이지에 직접 로그인하고, 담당 편집자의 내용 확인 절차를 거쳐야 인터넷에 게재할 수 있지.

이는 유럽 언론사도 비슷해. 영국 '가디언' 등 주요 언론사에 댓글을 달기 위해서는 해당 홈페이지에 직접 회원 등록을 하는 과정을 거쳐야 해. 또 댓글 담당 부서가 따로 있어서 문제가 될 만한 악성 댓글을 미리 차단하고 있지. 대신 좋은 내용의 댓글을 따로 선정해 쉽게 눈에 띄는 곳에 노출한다는 차이점이 있어.

➕ 지식플러스

악플과 선플

악플은 악성 리플의 줄임말로 인터넷에 악의적으로 나쁜 내용의 댓글을 다는 것을 뜻해요. 악플을 다는 사람들을 두고 악플러라고 부르지요. 악플의 반대말로는 착한 댓글이라는 의미를 지닌 선플이 있어요.

인터넷 윤리 리터러시

> 인터넷 윤리 리터러시가 뭐예요?

　인터넷 윤리는 인터넷과 같은 사이버 공간에서 지켜야 할 기본예절을 뜻해. 미국의 랭포드가 이 용어를 처음 사용했지. 인터넷 윤리 리터러시는 인터넷을 사용하면서 지켜야 할 윤리 의식이라고 볼 수 있어. 그리고 비윤리적 행동에는 인터넷상에 허위 정보를 유포하거나 악성 댓글을 쓰는 것을 비롯해 창의적인 정보나 아이디어를 그대로 사용하는 저작권 침해 등을 들 수 있지.

　그렇다면 인터넷 공간에서 지켜야 할 예절에는 어떤 것들이 있을까?

인터넷 공간에서 지켜야 할 예절

1. 악성 댓글 등 언어폭력 하지 않기

인터넷은 상대방의 얼굴이 보이지 않기 때문에 언어폭력에 쉽게 노출될 수 있는 공간이야. 하지만 인터넷과 같은 사이버 공간에서도 지켜야 할 예절이 있어. 우리는 인터넷 공간에서도 서로 마주 보고 있다는 생각을 가지고 욕설이나 상대방의 명예를 훼손하는 발언 등의 언어폭력은 절대 해선 안 돼.

2. 개인 정보 노출하지 않기

인터넷은 직접 찾아가지 않아도 마우스 클릭 한 번으로 많은 것을 할 수 있는 편리한 공간이야. 그래서 더욱 개인의 사생활이 노출되지 않도록 조심할 필요가 있어. 자칫하면 내가 공개한 정보가 범죄에 악용될 수 있기 때문에 불필요한 신상 정보가 공개되지 않도록 각별한 주의를 기울여야 해.

3. 저작권 침해하지 않기

저작권 침해는 저작권자의 허락을 받지 않고 저작물을 이용하거나 저작자의 인격을 침해하면서 저작물을 이용하는 것을 말해. 여기서 말하는 저작물에는 사진, 영상, 그림, 음악 등 다양한 창작 작품이 포함되어 있지. 개인 홈페이지나 영상물을 만들 때 사용하는 창작 작품들이 알게 모르게 저작권을 침해할 수 있기 때문에 주의를 기울여야 해.

4. 특정인을 따돌리는 행위 하지 않기

인터넷 채팅방으로 특정인을 초대한 후 여러 사람이 무시하는 행동은 절대 하지 말아야 할 행동이야. 특정한 사람이 말할 때 아무도 반응하지 않거나 그 사람만 빼고 말하는 것도 따돌림에 해당하기 때문이야. 이 같은 행동은 상대방의 모습이 보이지 않기 때문에 가볍게 생각할 수 있지만 대표적인 사이버 폭력 중 하나로 꼽히고 있어.

➕ 지식플러스

사이버 불링

사이버 불링(cyber bullying)은 학교 폭력 유형 중 하나예요. 가상 공간을 뜻하는 사이버(cyber)와 집단 따돌림을 뜻하는 불링(bullying)이 합쳐진 신조어지요. 스마트폰 등을 이용해 사이버상에서 특정인에게 욕설을 퍼붓거나 지속적으로 괴롭히는 행위를 말해요. 사이버 불링은 직접적인 폭력을 가하지 않았기 때문에 그 심각성을 인지하기 힘들어요. 하지만 '학교 폭력 예방 및 대책에 관한 법률'에 따라 처벌될 수 있는 심각한 사회적 범죄라는 사실을 명심해야 해요.

인터넷 범죄와 예방

인터넷 범죄 '온라인 그루밍'과 '신상 털기'

우리가 편리하게 정보를 찾아볼 수 있는 인터넷이 범죄의 도구로 사용되고 있다는 사실 알고 있니? 그 예로 온라인 그루밍과 신상 털기를 들 수 있어.

온라인 그루밍은 채팅, 모바일 메신저, SNS 등의 온라인을 통해 청소년에게 친밀감을 쌓은 다음 성적 수치심을 유발하는 대화를 하거나 성적 행위를 하도록 유인하는 행동을 말해. 대표적인 온라인 그루밍 사례로는 'n번방 사건'을 꼽을 수 있을 거야. 이 범죄는 소셜 미디어에 모델과 같은 고액 알바를 모집해 얼굴이 공개된 노출 사진이나 개인 정보를 요구하는 것으로 시작했다고 해. 온라인 그루밍을 예방하기 위해서는 이름, 주소,

전화번호와 같은 개인 정보나 자신의 얼굴이나 몸이 노출된 사진을 다른 사람에게 절대 보내선 안 돼.

신상 털기는 '신상(개인 정보)'과 '털기'의 합성어로 어떤 사람에 대한 자료를 인터넷 검색을 통해 찾아내고 다시 그 자료를 인터넷에 공개하는 사이버 폭력의 일종이야. 신상 털기를 하는 네티즌 무리를 두고 '네티즌

수사대'라는 표현을 하기도 하지.

이 같은 행동은 사회에 문제를 일으킨 사람을 직접 처벌할 수 있다는 잘못된 정의감에서 출발한다고 볼 수 있어. "잘못된 행동을 했으니 당해도 된다."라고 주장하는 의견도 있지만, 관련 사실과 무관한 사람이 대상이 된다면 애먼 사람이 피해자가 되기도 하지. 개인의 사생활을 공개하는 신상 털기는 명백한 불법 행위라는 점을 인지해야 해.

인터넷 범죄! 이렇게 예방해요

인터넷을 사용하고 싶을 때는 어떻게 해? 너무 쉽지. 스마트폰이나 태블릿PC 등을 통해 언제 어디서든 어렵지 않게 사용할 수 있잖아. 하지만 이렇게 사용하기 편한 인터넷이 심각한 범죄에 이용되고 있어.

인터넷을 통해 사이버 공간에서 이뤄지는 범죄를 두고 사이버 범죄라고 표현해. 사이버 범죄는 목적에 따라 해킹이나 바이러스 유포와 같은 사이버 테러형 범죄, 그리고 사기나 개인 정보 침해와 같은 일반 사이버 범죄로 나눌 수 있지.

사이버 범죄를 예방하기 위해서는 우선 인터넷에서 사용하는 개인 정보를 꼼꼼하게 확인할 필요가 있어. 인터넷에서 사용하는 비밀번호를 복잡하게 만들거나 주기적으로 변경해 주는 습관이 필요해. 특히, 개인 컴퓨터에는 백신 프로그램을 설치해 두는 것이 좋아. 악성 바이러스가 침투하지 못하도록 말이야. 또 인터넷에서 모르는 사람이 보낸 알 수 없는 링크를 클릭하지 말고 개인 정보 또한 노출되지 않도록 각별히 주의해야 해.

공용으로 사용하는 컴퓨터에서는 인터넷 뱅킹 관련 정보나 신용카드 정보 등 주요 정보는 입력하지 않는 것이 좋아. 공용 컴퓨터에 악성코드가 깔려 있다면 내 정보가 악용될 수 있거든. 로그인이 필요한 사이트를 이용할 때는 일회용 비밀번호 등을 발급받아 접속하는 것이 안전해. 컴퓨터를 다 사용했다면 모든 서비스에서 로그아웃하고 열린 창을 닫고 사용했던 흔적을 없애야 해.

인터넷을 사용할 때 주의할 점을 염두에 두고 실천하기 위해 노력해 봐. 그럼 우리의 개인 정보를 지키고, 즐거운 온라인 활동을 할 수 있을 거야.

➕ 지식플러스

인터넷 성범죄 방지를 위한 가이드

십대여성인권센터는 청소년 인터넷 성범죄 방지를 위해 운영 중인 청소년 가이드 '깨톡(https://teen-it.kr)'을 통해 안전한 온라인 생활을 위해 세 가지를 당부했어요. 첫 번째, 온라인에서 만난 사람에게 개인 정보를 주지 말아요. 두 번째, 대화를 통해 사진이나 개인 정보를 알아낼 수도 있다는 사실을 기억해요. 상대방이 사진과 영상을 유포하겠다고 협박하는 경우 상담을 요청해요. 세 번째, 상대방에게 협박당하는 것은 자신의 잘못이 아님을 명심해요.

교과서 속 미디어 리터러시 키워드

 # 인터넷 윤리 인터넷과 같은 사이버 공간에서 지켜야 할 기본예절을 뜻해요. 비윤리적 행동으로는 허위 정보나 유해 콘텐츠 유포, 악성 댓글, 저작권 침해 등을 들 수 있어요.

 # 저작권 창작물을 만든 저작자의 노력과 가치를 인정하고 권리를 보호하는 것을 의미해요. 저작권자의 허락을 받지 않고 저작물을 이용하는 것을 저작권 침해라고 하지요.

 # 온라인 그루밍 온라인 채팅, 게임, 메신저를 통해 친밀감을 쌓은 다음 성적 수치심을 유발하는 대화를 하거나 성적 행위를 하도록 유인하는 행동을 말해요. 온라인 그루밍은 성에 대한 개념이 아직 완성되지 않은 아동, 청소년들을 대상으로 벌어질 수 있기 때문에 주의가 필요해요.